# DAS GROSSE BUCH VOM
# EINRICHTEN

SCHÖNER WOHNEN

# DAS GROSSE BUCH VOM EINRICHTEN

## ALLE RÄUME SCHÖN GESTALTEN UND OPTIMAL NUTZEN

NAUMANN & GÖBEL

Anregend: Ein Wohnraum wie ein Vitaminstoß

# DIE WOHNUNG: RAUM FÜR IHRE

Willkommen in der Welt des Wohnens! Als Leser dieses Buches gehören Sie zu dem kleinen – dürfen wir sagen: exklusiven? – Teil der Menschen, die ihre Wohnung nicht einfach nur als Unterkunft und Schlafstätte ansehen, sondern als Raum zum Wohlfühlen, als Herausforderung an ihre Kreativität, als Ausdruck ihrer Persönlichkeit. Und natürlich haben Sie recht: Längst wissen Psychologen, daß die falsche Einrichtung das Wohlbefinden behindert und unglücklich machen kann. Aber welche ist die richtige, Ihre, die genau zu Ihnen paßt? Dieses Buch will Ihnen helfen, diese Frage zu beantworten. Wohnen Sie in den verschiedenen Wohnstilen zur Probe, lassen Sie sich mit Tips und Tricks bei der Möblierung helfen, lernen Sie Farbrezepte für Ihre Wohnung kennen, und kommen Sie schließlich Ihrem Wohntyp auf die Spur. Spielen Sie mit uns das Spiel, das Einrichten heißt, ein Spiel, bei dem Sie nur gewinnen können: Wohlgefühl nämlich und Zufriedenheit. Wir laden Sie herzlich dazu ein.

# IDEEN

# INHALT

## 8 WIE WOLLEN SIE WOHNEN?

## 93 EINRICHTEN LEICHTGEMACHT

# WIE WOLLEN

Einrichten macht Spaß! Die Welt des Wohnens ist so bunt, so vielfältig, daß da
mir zu Hause aussehen, damit ich mich wohl fühle? Landhausstil in der Stad
richten ja so viel Spaß. Folgen Sie uns auf einen Streifzug durch die Wohnwel

# SIE WOHNEN?

estalten der eigenen vier Wände zu einem Spiel geworden ist: Wie soll es bei ohnung, Stilmöbel im Loft – alles ist möglich, und deshalb macht das Ein- ssen Sie sich anregen, und finden Sie unter diesen zwölf Stilen Ihren eigenen.

# ROMANTISCH

## GEFÜHL IST TRUMPF

Möchten Sie sich manchmal am liebsten zurückziehen? Sehnen Sie sich nach Geborgenheit, nach Orten, an denen Sie träumen können? Solche Inseln der Ruhe und Romantik können Sie sich selbst schaffen. Dafür brauchen Sie nur einige Möbel mit weichen, runden Formen, zarte Farben, viele Blumen und einen Schuß Nostalgie.

*Das stimmungsvolle Miteinander von Weiß und zarten Blumenmustern prägt diese Einrichtung. Der wunderschöne Leuchter aus Kristall setzt dem Raum die nostalgische Krone auf. Einen Hauch von Südstaatenromantik vermitteln die American Shutters aus Whitewood an der Terrassentür. Ihre Lamellen lassen Licht und Sonne nach Wunsch ins Zimmer. Ganz in Weiß sind auch die Schleifenhussen der Sessel und der Sofabezug.*

## ROMANTISCH

***Fotos oben:*** *Die Rose – die schönste Blume des Sommers – blüht nicht nur im Garten, sondern ziert auch Stoffe und Accessoires. Das Porzellan im Hängeschrank und auf dem Tisch wird ebenfalls von der Königin aller Blumen geschmückt. Im rosigsten Licht erstrahlen die Stehlampen. Auch die Kissenbezüge und die Tischdecke im Patchworkstil kommen nicht ohne Rosen aus.* ***Rechts:*** *Wem es gar nicht blumig genug sein kann, verschönert seine Wohnung mit Vorhängen und Bordüren im Blütendessin.*

## ROMANTISCH

*Wie auf Rosen gebettet: Dieses Bett mit schmiedeeisernem Rahmen sieht so einladend und gemütlich aus, daß man es nicht nur nachts, sondern auch tagsüber nutzen möchte. Wer wollte hier nicht mal ein verregnetes Wochenende durchfaulenzen? Stoffe in Rosé und Weiß mit Streifen-, Karo- und Blumenmustern schaffen eine verspielt-romantische Stimmung, in der es sich besonders gut träumen läßt.*

# MODERN

## GERADLINIG, PRAKTISCH, GUT

Möbel, die leicht, beweglich und klar in der Linie sind, treffen den Geschmack der Zeit. Schlicht und elegant, bequem und repräsentativ, sind sie ganz von heute und vielleicht die Klassiker von morgen.

*Hochaktuell und sehr flexibel: Das Sofapolster wird mit Hilfe von Stiften auf ein Podest aus Buchenfunier gesteckt. Es kann jederzeit durch ein anderes Polster ausgetauscht werden. Passend dazu: die Récamiere aus Peddigrohr, ein Klassiker aus dem Jahr 1965, und der kleine Beistelltisch aus Aluminium.*

## MODERN

**Links oben:** *Das in Weiß- und Naturtönen eingerichtete Eßzimmer wirkt hell und freundlich. Der Leuchter aus Muranoglas sowie der Tisch mit einer Marmorplatte setzen einen eleganten Akzent.*
**Links unten:** *Teppichboden aus Sisal harmoniert gut mit modernen, geradlinigen Möbeln.*
**Rechts oben:** Es muß nicht immer alles geradlinig sein: Die klare Form des Sofas und des Tisches paßt gut zu den geschwungenen Linien der Sessel.
**Rechts unten:** Der Raum unter den Schrägen wird als Kleiderkabinett genutzt. Ein duftiger Vorhang am Spannseil trennt die Sitzecke vom Schlafbereich.

## MODERN

*Diese Küche ist nicht nur qualitativ hochwertig und praktisch, sondern auch sehr ästhetisch. Einen sachlich-coolen Anstrich bekommt die Einrichtung durch die Schrankfronten aus Laminat. Dieser Eindruck wird durch die Tischleuchte aus Edelstahl verstärkt. Einen interessanten Kontrast zu dieser Optik mit High-Tech-Akzent bildet die Sitzgruppe aus Holz.*

MODERN

**Links:** *Hier fühlt sich die Nixe in ihrem Element: Helle Blau- und Grüntöne sowie viel Glas laden ein zum Badevergnügen. Die Glaskonsole, die das Waschbecken trägt, wurde in eine Aluschiene an der Wand geklebt und wird von einem Bein gestützt. Die unterschiedlichen Fußbodenbeläge – Landhausdielen und Fliesen – verkürzen den schlauchförmigen Raum optisch.*
**Rechts:** *Große Spiegelflächen über dem Waschbereich lassen das Bad sehr geräumig erscheinen, eine Wirkung, die durch die weiße Lasur der Holzverkleidung noch betont wird. Viel Stauraum bieten die Schränke neben dem Waschbecken.*

# NATUR

## ZURÜCK ZU DEN URSPRÜNGEN

Wohnen mit natürlichen Materialien ist in. So findet der Wandel zu mehr Ökologie seine schöne Entsprechung beim Einrichten. Und kombiniert mit schönen Farben, Stoffen und Materialien wie Glas oder Granit, wirken Möbel auch aus massivem Holz leicht und modern.

*Möbel und Jalousien aus hellem Holz lassen jeden Raum warm und behaglich erscheinen. Die Tischplatte aus Glas und das Sesselgestell aus Korbgeflecht verleihen dem Zimmer neben der natürlichen auch eine elegante Note. Zu diesem Ambiente passen naturfarbene Polster- und Kissenbezüge sowie ein Teppich aus Sisal. Bunte Bilder und Blumen setzen farbige Akzente.*

**NATUR**

*Schöner schlafen in Bettwäsche ohne Chemikalien: In den Stoffen aus Leinen-Baumwoll-Gemischen sind keine Bleichmittel, Anilinfarben oder Pestizide enthalten. Bei der blauen Lambswool-Decke wurde bewußt auf chemischen Mottenschutz verzichtet.*
***Links oben:***
*Edel: Bezüge aus zartem Organza.*

DIESES
SCHNEIDBRETT
IST GRÖSSER
ALS ES IST.
design in Italy

## NATUR

*Eine natürlich gestaltete Küche muß nicht immer nur aus Holz bestehen. Hier ist der Kontrast zum Granit sehr reizvoll. Außerdem im Trend: Küchen werden immer stärker auf die persönlichen Bedürfnisse ihrer Benutzer abgestimmt. In dieser Küche ist beispielsweise die Höhe der Arbeitsfläche verstellbar. An der Rückwand aus Multiplexpaneelen mit Rasterbohrungen lassen sich Oberschränke oder Regale anschrauben, neue Elemente nachträglich montieren.*

# COOL

## MANCHE MÖGEN'S SACHLICH

Wer gern einen kühlen Kopf bewahrt, reduziert seine Wohnungseinrichtung auf das Wesentliche. Schnörkel, Schleifen und Rüschen sind verpönt. Anhänger des Minimaldesigns bevorzugen klare, geometrische Formen, kühle Farben und Materialien wie Aluminium, Stahl, Glas und Granit.

*Kühler geht's nicht: In der Kombination von Blau und Grün wirkt ein Raum sehr frisch und erscheint trotz der unterschiedlichen Farbnuancen nüchtern und grafisch. Weiße Details, wie die Leuchten und die Stuhlbezüge, betonen den „coolen" Charakter des Raums. Allein die Elemente aus Holz, die Tischbeine, Bilderrahmen und der Schrank „wärmen" den Raum.*

## COOL

***Links:*** *Weniger ist mehr: In diesem Raum wurde die Einrichtung auf das Wesentliche reduziert. Ein Tisch und drei Stühle stehen auf glänzendem Marmorboden, Accessoires fehlen völlig. Bad, Küche und das Gäste-WC liegen verdeckt hinter dem T-förmigen Wandausschnitt.*
***Rechts oben:*** *Hier ist die Liebe zur Geometrie nicht zu übersehen: Dreieck, Kreis und Quadrat tauchen immer wieder als Leitmotive auf.*
***Rechts unten:*** *Der einzige Farbfleck: Mitten im Wohnraum thront ein hochglanzlackierter, zinkgelber Küchenblock.*

## COOL

*Auch diese Küche zeichnet sich durch eine besonders sachliche Atmosphäre aus: Die Spiegelwand, das Regal aus Glas und die vielen Gläser lassen die Frage aufkommen, ob man sich hier wirklich in einer Küche oder in einer Bar befindet. Kommunikationsfreundlich: An den Arbeitsblock mit dem Kochfeld ist in gleicher Höhe eine Tischplatte montiert, vor der Barhocker stehen.*

# MITTELMEER

## WOHNEN WIE IM SÜDEN

Mittelmeer – für viele von uns ein Synonym für Sonne, Sand und heitere Gelassenheit. Wer die südländische Lebensart liebt, muß aber nicht unbedingt nach Frankreich oder Italien reisen. Holen Sie sich doch die Stimmung à la Provence in Ihre Wohnung.

*Mit diesen Tavernen- und Bauernmöbeln zaubern Sie in jede Küche oder auch auf jeden Balkon Urlaubsatmosphäre. Tisch und Stühle leuchten in den typischen Farben des Südens: Blau, Weiß und ein wenig Gelb. Sie wurden von den französischen Designern Jean Louis Menard und Daniel Rozensztroch entworfen und nach überlieferter griechischer Handwerkskunst angefertigt.*

PIMENTON PURO
SELINI
RESTAURANT-BAR
Η ΣΕΛΗΝΗ
BAR
Restaurant

## MITTELMEER

**Links:** *Sind die griechischen Möbel auch noch so unkompliziert und die Wände, Decken und Fußböden in der Regel einfarbig gehalten, beim Geschirr kennt die Fantasie der Griechen keine Grenzen.*
**Rechts oben:** *Kunstvoll geschmiedete Eisenmöbel haben in südlichen Ländern Tradition. Wichtig für ihre Pflege: Falls sie oxydieren, sollte man die Roststellen mit einem Schleifblock entfernen.*
**Rechts unten:** *Besonders in Spanien und Südfrankreich beliebt: handgearbeitete Zementfliesen, die mit ihren dekorativen Mustern jedem Raum ein ganz besonderes mediterranes Flair verleihen.*

## MITTELMEER

*In dieser großen Wohnküche lassen sich die schönsten Fiestas feiern. Der lange Eß- und Arbeitstisch ist – wie die Stühle mit den Rohrgeflechtsitzen – aus den USA importiert. Die Küchenanrichte besteht aus mexikanischen Fliesen und einer Ahornholzplatte.*

DIE KUNST, MIT MENSCHEN UMZU
DIE NERVÖSE HAND
Zwischen
Meisterzeichnungen

# TRADITIONELL

## WOHNEN MIT STIL

Ihre Vorbilder sind zwar schon etwas älter, aber deswegen sind sie noch längst keine alten Hüte: Möbel, die der Biedermeierepoche, dem Louis-Philippe-Stil oder dem klassischen englischen Interieur nachempfunden wurden. Sie lassen jedes Wohnzimmer prunkvoll und luxuriös aussehen.

*Wie in einem französischen Adelssalon: Die prachtvollen blauweißen Sessel mit goldfarbenen Blumenornamenten erinnern uns an eine längst vergangene Epoche. Auch die Konsole mit den geschwungenen Beinen und das Tischchen repräsentieren französische Lebensart. Eine passende Ergänzung dazu ist die elegante weiße Schrankwand mit Türen aus Glas sowie Messinggriffen.*

TRADITIONELL

*Ein Bett im Louis-Philippe-Stil (benannt nach dem gleichnamigen französischen Bürgerkönig. Seine Zeit – die Jahre nach 1830 – entspricht dem deutschen Biedermeier). Als Nachtschränkchen dienen runde Tische, wie das Bett sind sie aus Wildkirsche. Sehr stimmungsvoll: die Vorhänge aus Chintz und Musselin.* ***Kleines Foto:*** *Vor dem Hintergrund mit weißen Paneelen kommt der Konsoltisch mit Marmorplatte besonders gut zur Geltung. Alte Fotos oder Bilder betonen den historischen Charakter dieses Möbels.*

## TRADITIONELL

*Das Vorbild des prächtigen dreiteiligen Porzellanschrankes aus Eibe stammt aus dem England des 18. Jahrhunderts (Georgian Style). Er kann auch als Büchervitrine verwendet werden. Ebenfalls aus Eibe: der Tisch und die Anrichte. Kein Stilbruch, sondern eine schöne Ergänzung: der achtflammige Leuchter mit Halogenlampen.*

SINNPAUSE
AKTUELLES DENKEN

# AVANTGARDE

## STIL OHNE GRENZEN

Manche der Möbel, die wir Ihnen hier präsentieren, wurden bereits vor Jahrzehnten erfunden und wirken doch immer noch hochaktuell. Ausgefallen in Form und Farbe, können sie Ihre Wohnung in ein Gesamtkunstwerk verwandeln.

*Wahre Hingucker sind die Möbel dieses Interieurs. Zum Beispiel die grünen Sessel: Mit ihren filigranen Beinchen und den abgerundeten Lehnen wirken sie fast wie Kommata. Weitere witzige Details sind die Mickymaus-Ohren des schwarzen Sessels „Wink", der 1980 als Sensation der Mailänder Möbelmesse galt. Sein Erfinder, der japanische Designer Toshiyuki Kita, war damals noch ganz unbekannt. Ebenfalls eher unkonventionell kommen die überdimensionalen Rollen des größeren Tisches und das schwarz-weiß gefleckte Dalmatinermuster des Beistelltisches daher.*

## AVANTGARDE

*Hier füllt ein einziges Möbelstück fast den ganzen Raum aus. Die aus zwei Sofas bestehende Sitzschlange „Europa" stellt jedes herkömmliche Möbel in den Schatten. Das Sofa ist ungemein vielseitig verwendbar. Man kann es sich hier zum Lesen, Klönen oder Fernsehen gemütlich machen. Wer es noch bequemer haben möchte, schiebt sich eins der farbigen Rückenpolster in die bogenförmigen Gestelle, die unter den Sofaseiten befestigt sind. Der von dem italienischen Designer Gaetano Pesce kreierte gelbe Sessel „Feltri" besteht aus Filz. Da diese Filzmatte nur zwei, drei Zentimeter dick ist, läßt sie sich mit der bloßen Hand falten und biegen. So wirkt der Sessel mit hochstehender Lehne wie ein Superohrensessel, mit herabgeklapptem Rücken wie ein bequemer Clubstuhl.*

DEN HIMMEL
STÜRMEN

## AVANTGARDE

*Kaum zu glauben: AEO, der Stuhl, der aussieht, als habe er vorher in einer Zahnarztpraxis gestanden, wurde bereits Anfang der siebziger Jahre entworfen. Er besteht aus Kunststoff und Glasfaser. Das Gestell ist aus lackiertem Stahl. Der Stuhl wurde – genau wie das Sofa – von dem italienischen Designer Paolo Deganello konzipiert. Sitz und Rücken des Sofas sind gepolstert, das Gestell besteht aus Holz. Die Beine aus Metall stehen dazu im Kontrast. Das edle Möbel, so der Wunsch seines Erfinders, sollte niemals ein Stück für die Elite werden, sondern vor allem junge Leute ansprechen. Auffällig: der schräggestellte Kamin aus sandgestrahltem Eisen. Der Teppich über dem lackierten Estrich stammt von dem Konstruktivisten Carl Buchheiser.*

Aceite de Oliva
ELOSUA

# LANDHAUS

## EINE OASE DER RUHE

Viele wünschen sich ein Cottage auf dem Land – weit weg von der Hektik der Großstadt. Diesen Traum können Sie zumindest teilweise verwirklichen. Mit frischen Farben, bequemen Möbeln, natürlichen Materialien und viel Liebe zum Detail zaubern Sie in jede Stadtwohnung eine Atmosphäre wie im Landhaus.

*Dank vieler Details sieht's in dieser Küche richtig gemütlich und kuschelig aus. Die schmalen gefliesten Abstellflächen neben dem Herd oder die unterschiedlichen Farben und Muster der Schränke vermitteln den Eindruck, als ob alles wie zufällig zusammengewürfelt wäre. Ein richtiger Hingucker ist der Herd mit integriertem Ofen. Er läßt sich mit Gas, Kohle oder Elektrizität betreiben. Die dominierende Farbe Grün wirkt gleichzeitig belebend und entspannend.*

*Ein Sitzplatz für jede Gelegenheit: Wer es bequem mag, nimmt auf dem großen Sofa Platz. Rustikal-ländlich wirken Sessel und Hocker aus Korbmaterial. Ein wahres amerikanisches Ur-Möbel ist der Schaukelstuhl. Es waren übrigens die Shaker, eine christliche Sekte aus Pennsylvania, die diesen Stuhl populär machten. Ursprünglich für ihre Alten und Kranken gedacht, wählten die Tischler damals einen Kirschholzstuhl mit geflochtenen Gurten aus und dübelten ein paar Kufen darunter – fertig war der „rocking chair". Mit seinem rot-weißen Geflecht fügt er sich wunderbar in den fröhlichen Mustermix, der für den Landhausstil so typisch ist.*

## LANDHAUS

***Rechts:*** *Landhaus-Stil auf skandinavisch: Der Raum ist ganz bewußt sparsam möbliert, damit die schönen Einzelstücke besser zur Geltung kommen. Schrank und Kommode sind aus schwedischer Fichte, das schöne Bett ist aus geschmiedetem Eisen. Frisch wirken die Textilien in Blau und Weiß.*
***Oben links:*** *Korbsessel, Lattenstühle und Stühle mit Wiener Geflecht passen gut zu Naturmaterialien wie Pinienholz oder Terrakotta.*

Das moderne Tierlexikon
Anton Kaderscheidt

Reis
Zucker
1 Liter
½ Liter
Moderot

**LANDHAUS**

*Gleichzeitig rustikal und edel: Die weißgekalkten Wände aus sägerauhem Holz befinden sich mit den geschwungenen Eisenstühlen und den weißen Bodenfliesen in guter Gesellschaft. Die Marmorplatte des Eßtisches und der Kronleuchter mit Kristallschmuck geben dem Raum eine elegante Komponente.*

LANDHAUS

**Rechts:** *Mehr als nur ein Badezimmer: In dieser spanisch anmutenden Oase der Ruhe kann man sich so richtig entspannen und wieder auftanken. Schöne Details: Die Bodenfliesen sind unglasiert, der Waschtisch aus Holz ist mit einer Marmorplatte versehen. Die mehrteiligen Bordüren an der Wand verleihen dem Raum eine romantische Note.*
**Oben links:**
*Schöne Accessoires: Waschzubehör und unparfümierte Seife.*

# ELEGANT

## ZEITLOS SCHÖN

Wie in der Kleidermode gibt es auch bei Wohnungseinrichtungen neue Trends. Nie aus der Mode kommt allerdings der klassisch-elegante Stil, der Repräsentation mit Behaglichkeit verbindet. Edle Materialien, dezente Farben und Ton-in-Ton-Kombinationen kennzeichnen diese Richtung.

*Die neue Eleganz setzt auf Natürlichkeit und zurückhaltende Farben. Die Muster dürfen schon etwas auffälliger sein. So fallen Sessel und Sofa vor allem durch ihr Rhomben-Dessin auf. Trotz aller Extravaganz strahlen die Sitzmöbel aber viel Gemütlichkeit aus. Ein raffiniertes Detail: Die Füße des Sofas sind mit Stoff bezogen. Bezüge, Vorhänge und Teppichboden bestehen aus den Naturfasern Sisal und Leinen. Die Wände wurden mit buchenfurnierten Paneelen verkleidet.*

## ELEGANT

*Zum warmen Beigeton der Polstermöbel passen Schränke, Regale oder Kommoden aus hellem Holz. Großzügig und edel wirkt eine solche Möblierung, wenn man sie Ton in Ton mit Beige und viel Weiß kombiniert. Die Stoffe für den Vorhang, die Kissen und die Tischdecke haben als Grundton ein warmes Beige. Der Teppich besteht aus dem Naturstoff Sisal. Auch er ist in einem vornehmen, sandfarbenen Beige gehalten. Das Weiß der Wände, des Fußbodens aus Marmor und der Accessoires bringt Frische in den Raum.*

## ELEGANT

**Oben:** *Ein Prachtstück, dieses strahlende Bad in Marmor. Der schmale, verspiegelte Schrank neben dem Waschbecken bietet genug Stauraum für Wäsche und Kosmetika.*

**Rechts:** *Edles Holz und exquisites Design verleihen diesen Betten aus Nußbaum ihre zurückhaltende Eleganz. Für Witz und Raffinesse sorgen der dezente Schwung und die Schlitze an Kopf- und Fußteilen. Formschön: die Nachttische.*

## ELEGANT

*Diese Küche setzt auf schlichte Eleganz. Tisch und Stühle sind aus Buchenholz, die Paneele hinter dem Kochbereich aus gebeiztem Ahorn. Metallelemente wie die Leuchte und die Füße des Unterschranks bilden einen kühlen Kontrast zu den warmen Naturtönen. Grüne Farbtupfer auf dem Vorhangstoff und das grüne Tablett frischen den Raum auf.*

# BUNT

## IM RAUSCH DER FARBEN

Keine Lust mehr auf vornehme Zurückhaltung? Dann greifen Sie doch mal tief in den Farbtopf und peppen Sie Ihre Wohnung so richtig auf. Ein grüner Sessel mit einem lilafarbenen Kissen, ein blaues Sofa mit einer rosa Decke – Ihrer Fantasie sind keine Grenzen gesetzt.

*Dieser Raum ist wie ein Vitaminstoß für die Sinne. Die Farben sind üppig, auch mit Accessoires wurde nicht gegeizt. Die Verwandlung von einer farblosen Sitzecke in einen bunten Lieblingsplatz geht übrigens ganz schnell: Sie brauchen Ihren Sesseln nur farbige Hussen überzuziehen. Wem das auf Dauer zu bunt wird, kann sie jederzeit abnehmen. Lose Stoffbahnen in Gelb, Orange und Weiß über dem Eisenparavent betonen die fröhliche Stimmung.*

## BUNT

*Man nehme Rot und Blau – und schon wirken die klaren Linien der Möbel weniger streng. Die Lehnen lassen sich übrigens – je nach gewünschter Sitzposition – einknicken. Dank der lockeren Anordnung der Möbel gewinnt der Raum an Tiefe, wirkt bewegter und lebendiger.*

## BUNT

***Ganz links:*** *In diesem Raum werden Sie garantiert nicht trübsinnig. Zur knallgelben Wand und der in Pink gestrichenen Tür gesellt sich ein froschgrüner Sessel. Auch die Vorhänge strotzen nur so vor Farben in verschiedenen Mustern.*
***Links oben:*** *Sogar Sperrmüllstühle werden durch kräftige Farben wieder salonfähig.*
***Links Mitte:*** *Das bringt Glanz ins Schlafzimmer: bunte Bettwäsche aus Chintz.*
***Links unten:*** *Wer nicht seine ganze Wohnung in Knallfarben einrichten möchte, kann sich auch auf eine bunte Ecke in den Farben Türkis, Blau und Orange beschränken.*

**BUNT**

*Hier macht das Kochen richtig Spaß: Das frische Grün der Schrankfronten paßt hervorragend zu den gelben, pink- und orangefarbenen Küchenstühlen. Interessante Planungsdetails: offene Regalelemente (ganz rechts), auf denen längliche, dreißig Zentimeter breite Oberschränke stehen. Die gerahmten Tür- und Schrankfronten geben der Küche eine besondere Note.*

# ETHNO

## AUS ALLER HERREN LÄNDER

Träumen Sie manchmal von märchenhaft schönen Palästen in Marokko oder einer Siesta unter Schilfrohrmatten in Mexiko? Holen Sie sich doch dieses aufregend exotische Flair in Ihre Wohnung, zum Beispiel mit Hilfe von Fliesen, Teppichen oder schönen Einzelmöbeln.

*Typisch Bali: Alle Möbel bestehen aus Bambus. Sie wurden von dem Amerikaner Ed Tuttle entworfen, der sich auf südostasiatisches Wohnen spezialisiert hat. Statuen, kunstvolle Vasen und Geschirr stehen in Regalen, die in die Wand eingelassen wurden. Der Fußboden ist aus kühlendem Terrazzo. Vor zuviel Sonneneinstrahlung schützen einfache Bambusrollos.*

## ETHNO

*Die Wände mit filigranem Fliesendekor in den Farben Ocker, Terrakotta, Rostrot sorgen für eine warme Atmosphäre und das besondere Flair. Behaglich wirken auch die Möbel aus dunklem Holz. Der Eisenlüster und der aus Südpersien stammende Kelim betonen den orientalischen Charakter der Einrichtung.*

ETHNO

**Links:** Wer sagt denn, daß ein Kelim immer auf den Fußboden oder an die Wand gehört? Hier besteht auch die Tischdecke aus einem Stoff mit farbenfrohem Kelim-Dekor.
**Rechts oben:** Zackig wirkt dieser Kelim mit Rhomben, Zacken- und Zinnenbordüren. Er ist aus handgesponnener, naturgefärbter Wolle gearbeitet.
**Mitte:** Geometrische Formen bestimmen dieses Kelimmuster. Rot, Weiß und Gelb heben sich stark vom dunkelblauen Fond ab.
**Unten:** Gut gebrüllt, Löwe! Der König der Savanne ist ein beliebtes, traditionelles Teppichmotiv.
**Ganz unten:** Der Kelim im Pueblostil fällt vor allem durch seine leuchtendrote Farbe auf. Der Liegestühl ist aus Teakholz und Rattangeflecht.

RENÉ MAGRITTE
Emil Nolde · Ungemalte Bilder

# ALT & NEU

## GEMISCHTES DOPPEL

Wer glaubt, daß ein traditioneller Stil nicht zu modernen Wohnelementen paßt, irrt. Gegensätze ziehen sich nicht nur an, sondern machen Ihre Wohnung viel lebendiger und spannungsreicher. Probieren Sie's doch einfach mal aus!

*In Wiener Kaffeehäusern ließ man sich schon im vorigen Jahrhundert gern auf ihm nieder: auf dem berühmten, von Michael Thonet entworfenen Bugholzstuhl. Auch in der heutigen Zeit findet der Thonet-Stuhl seinen Platz. In diesem Wohnzimmer harmonieren er und der alte Ledersessel gut mit dem modernen cremeweißen Sofa und den verchromten Stahlregalen.*

**ALT & NEU**

*Ein alter ehemaliger Gesindetisch wird von modernen Stühlen aus Aluminium umrahmt. Der Kontrast ist dennoch nicht so groß, da die Form der Stühle sehr klassisch ausfällt. Wie gut sich Alt und Neu vertragen, zeigt auch das Zusammenspiel von dem prächtigen Kristallüster und den zwei schlichten Schirmleuchten in Rot und Weiß.*

## ALT & NEU

***Links:*** *Der stattliche Sekretär wird auch heute noch in Handarbeit gefertigt. Er ist weiß lackiert und mit zartblauer Strichverzierung versehen. Hochmodern dagegen die Leseleuchte und der Sesselstuhl mit blau-weiß gestreifter Husse.*

***Rechts oben:*** *Neben dem behäbig-gemütlichen Bett im französischen Louis-Philippe-Stil sorgt der doppelstöckige italienische Tisch dafür, daß die Einrichtung nicht „museumsreif" wirkt.*

***Rechts unten:*** *Dieses Bad sieht auf den ersten Blick so aus, als ob es schon einige Jahrzehnte auf dem Buckel hätte. Offene Dachsparren, der Vitrinenschrank, der Boden im klassischen Fliesenmuster sowie der elegante Waschtisch schaffen diese Atmosphäre. Ein starker Kontrast dazu: der hochmoderne „Duschtempel".*

Eine Eckbadewanne spart Platz.

Gibt es in Ihrem Flur oder Schlafzimmer genügend Platz, um Kleidung, Koffer und Krimskrams unterzubringen? Überlegen Sie, ob Sie in Ihrem Wohnzimmer zusätzlich zu Sesseln und Sofa noch eine Eßecke unterbringen können? Möchten Sie wissen, wie man eine kleine Küche oder ein Minibad optimal einrichtet? Diese und viele andere Fragen wollen wir in diesem Kapitel beantworten. Nützliche Hinweise, praktische Tips, Anregung zum Selbermachen und viele Beispiele von gelungenen Einrichtungen sollen helfen, Ihre Wohnträume zu verwirklichen.

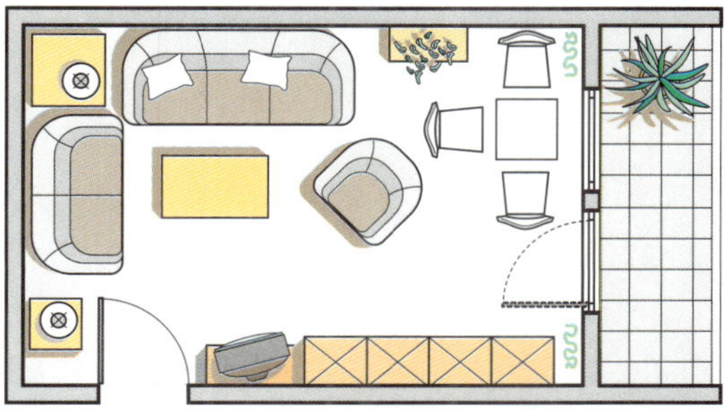
In diesem Raum paßt neben die sechs Sitzplätze auf der Sofagarnitur sogar noch ein Eßplatz für drei Personen.

Wer in seinem Wohnzimmer ein Podest einbauen läßt, kann hier zusätzlich viel Stauraum schaffen.

# EINRICHTEN LEICHT-GEMACHT

# WOHNZIMMER
# ORT DER GEMÜTLICHKEIT

Das durchschnittliche deutsche Wohnzimmer ist nicht besonders groß. Wer es optimal einrichten möchte, muß sich genau überlegen, wo die Sitzgruppe, der Schrank und das Fernsehgerät stehen sollen.

Ein gemütliches Wohnzimmer ist immer die Summe guter Entscheidungen. Zuallererst aber kommt es darauf an, den fast immer zu knappen Platz so zu nutzen, daß das Wohnzimmer wirklich ganz seinem Zweck entspricht und man sich nicht in irgendeiner Form beengt fühlt.

Wir sind bei unseren Beispielen von der klassischen Sitzgarnitur aus Dreisitzer, Zweisitzer und Einzelsessel ausgegangen. Sie ist bei vielen sehr beliebt, und das hat gute Gründe: Sie bietet immerhin sechs Menschen bequem Platz, sie gibt ein einheitliches Bild, auf dem Dreisitzer kann man sich auch mal hinlegen. Außerdem wird so eine Garnitur häufig günstig angeboten.

- Achten Sie beim Einrichten zunächst darauf, daß die Wege frei bleiben. Ragt ein Sessel oder Sofa in den Weg, der zum Fenster oder zur Tür führt, ist das nicht nur für den Gehenden ein Ärgernis, sondern auch für den, der sitzt: Er wird in seiner Ruhe gestört. Gemütlich kann eine Sitzgruppe erst sein, wenn sie nicht im Weg steht.

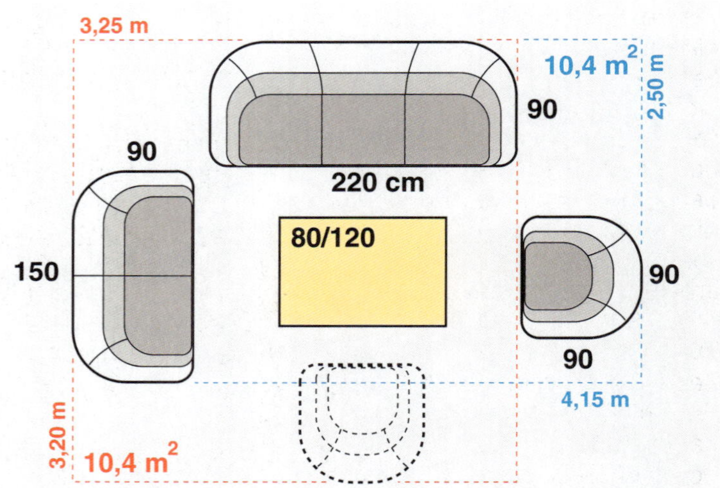


*Die klassische Sitzgruppe und der Platz, den sie braucht: 10,4 m². Wobei die Maße von Dreisitzer, Zweisitzer und Einzelsessel Standardmaße sind, die je nach Modell kleiner oder größer sein können. Zwischen Sitzgruppen und Möbeln sollte mindestens 50 cm Platz bleiben.*

*Weiß läßt Räume größer erscheinen. Es sollte aber immer mit Naturweiß gemischt werden, sonst wirkt es zu kalkig.*

- Wichtig ist die Entscheidung, ob die Sitzgruppe oder der Eßtisch am Fenster stehen soll. Den Lebensgewohnheiten vieler Menschen entspricht es besser, wenn der Tisch dort steht, weil sie erst abends auf dem Sofa sitzen, am Tisch aber nicht nur essen, sondern auch spielen und mit den Kindern Schularbeiten machen.
- Achten Sie beim Standort des TV-Geräts darauf, daß sich das Tageslicht nicht darin spiegelt.
- Schließlich der Stauraum. Wir haben möglichst große Schränke oder Regale eingeplant. Wenn Sie im Wohnzimmer wenig zu verstauen haben, wählen Sie kleinere. Aber das Problem ist ja meist, etwas unterzubringen – nicht, etwas wegzulassen.

# VON KLASSISCH BIS SCHRÄG

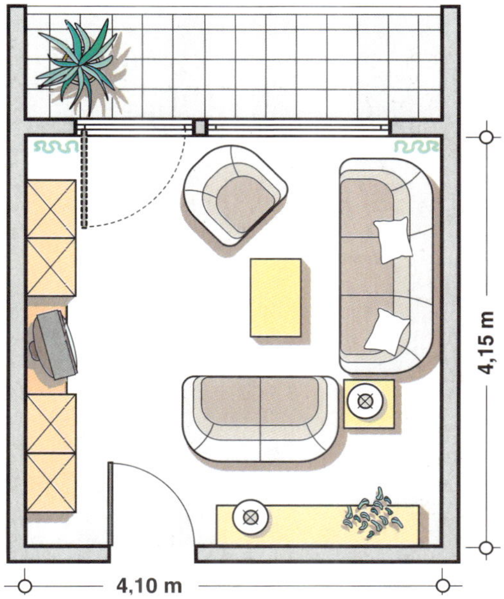


**Die klassische Lösung**
*Der Raum ist klar gegliedert, der Weg zur Balkontür bleibt frei. Diese Anordnung ist vor allem bei einer schönen Aussicht vorteilhaft. Zwei Nachteile: Die Entfernung vom Dreisitzer zum TV-Gerät, in dem sich das Tageslicht spiegelt, ist zu groß. Zudem kommt man sich auf den Eckplätzen der Sofas ins Gehege.*

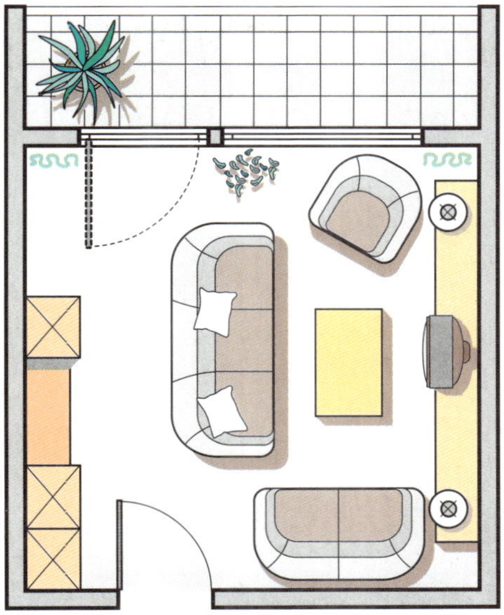

**Längsseiten gut genutzt**
*Dieser Grundriß hat alle Vorteile des oberen, aber dank der Anordnung von Schrank und Sideboard an den Längsseiten wirkt der Raum großzügiger. Das TV-Gerät steht gut, die Beinfreiheit ist angenehm groß.*

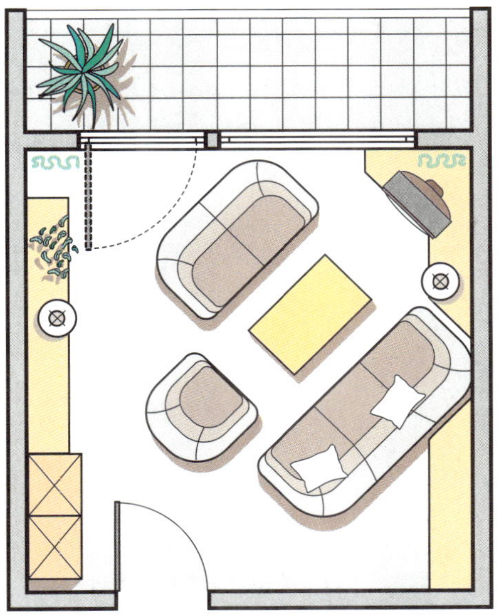

**Sitzen in der Diagonalen**
*Mit dieser Anordnung der Sofas in der Diagonalen wirkt der Raum spannungsreicher und dynamischer. Die Beinfreiheit ist angenehm groß, der Standort des TV-Geräts gut gewählt (gute Entfernung, keine Lichtreflexe).*

# GUT GEPLANT MIT ESSPLATZ

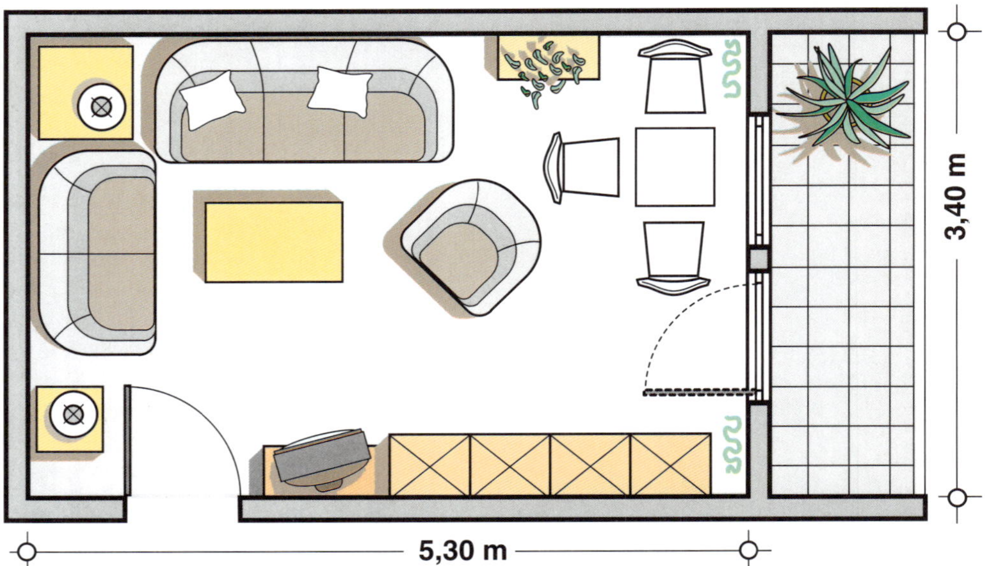


**Mit Sitzecke und Eßplatz**
*Hier paßt zusätzlich zu den sechs Sitzplätzen auf der Sofagarnitur noch ein Eßplatz für drei ins Zimmer – am Fenster, was viele Menschen schätzen, da sie erst abends auf dem Sofa sitzen. Die Entfernung zur Küche ist allerdings groß. Das Fernsehgerät steht optimal zur Sitzgruppe.*

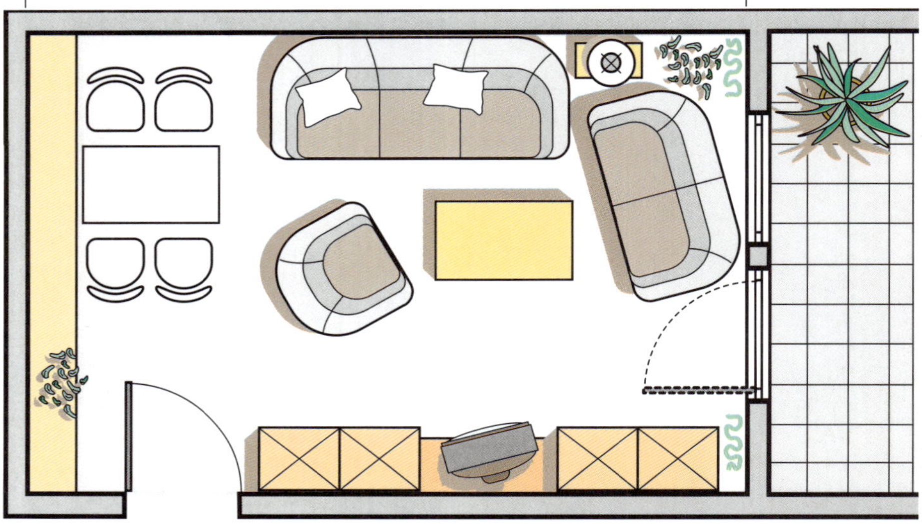

**An der Sonnenseite schmökern**
*Steht die Sitzgruppe vor der Fensterfront, ist der Zweisitzer vor allem am Tag ein schöner Leseplatz. Überhaupt ist diese Lösung für Menschen von Vorteil, die lieber die Sitzecke als den Eßplatz im Bereich des einfallenden Lichts haben. Dafür müssen sie allerdings Lichtreflexe auf der Bildröhre des Fernsehgerätes in Kauf nehmen.*

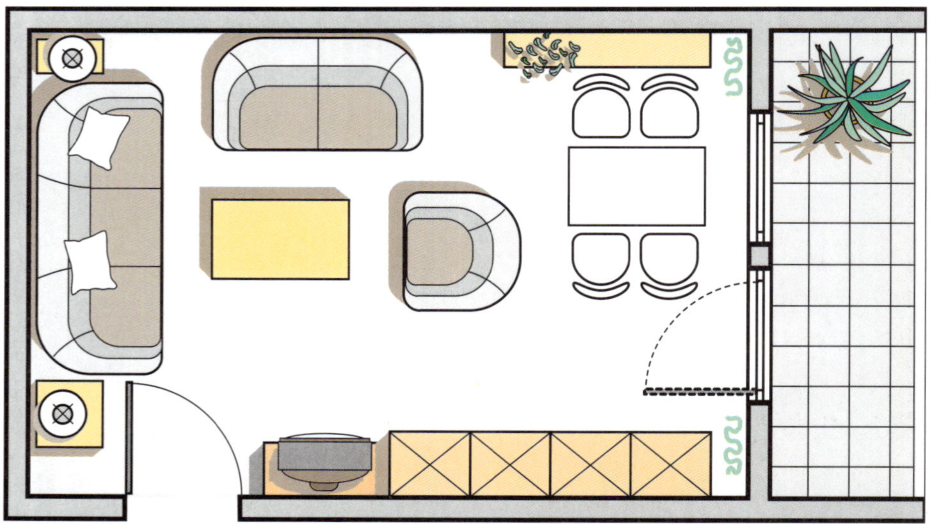

**Eßplatz für vier am Fenster**
*Hier wurde der Dreisitzer an der Stirnwand des Raumes plaziert, wodurch nicht nur diese Wand besser genutzt wird, sondern auch am Fenster Platz gewonnen wurde, um einen großen Eßtisch für vier hinzustellen. Wird der Sessel umgedreht, hat sogar ein fünfter Platz. Das Fernsehgerät steht optimal.*

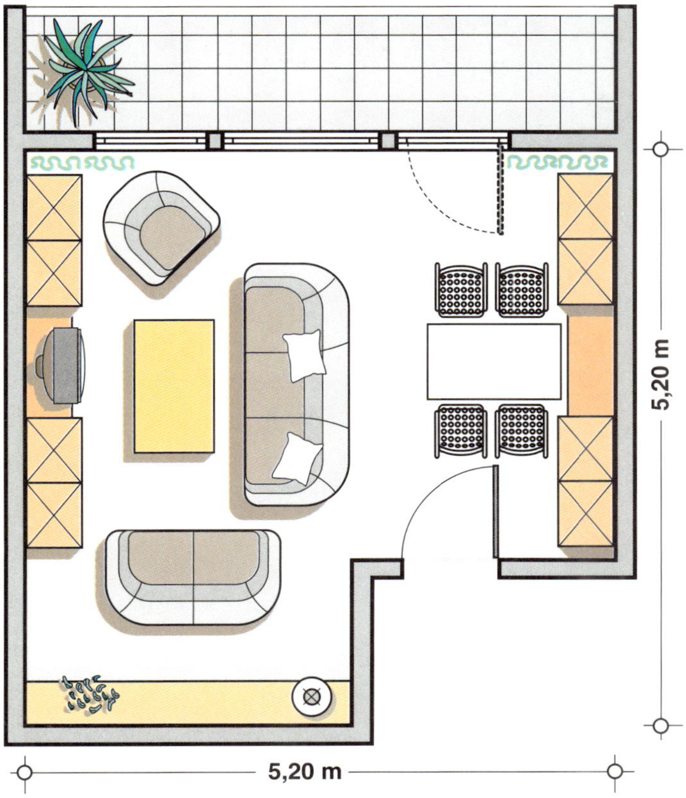


# NISCHE ZUM ESSEN ODER KUSCHELN

**Funktionen klar getrennt**

*Hier sind alle Anforderungen an Wohn- und Eßzimmer erfüllt, die Wege frei, die Funktionen klar getrennt. Positiv, daß Sitzgruppe und Eßtisch im Bereich des einfallenden Lichts stehen. In ca. sieben Metern Schränken bzw. Regalen kann zudem viel verstaut werden. In der Nische hinter dem Zweisitzer, wo jetzt das Sideboard steht, wäre sogar Platz für weitere Schränke.*

**Viel Platz im Eingangsbereich**

*Eine Lösung für Leute, die selten fernsehen: Nur vom Sessel aus stimmt die Entfernung. Aber der Raum wirkt großzügig, weil der Eingangsbereich frei bleibt. Der Tisch steht gut, zumal wenn in der Nische eine Durchreiche zur Küche ist.*

**Sideboard als Raumteiler**

*Ein heller Eßplatz am Fenster, eine kuschelige Sitzecke, in der man auch gut fernsehen kann: Das freistehende Sideboard macht's möglich. Der Raum wirkt großzügig, in die Schrankwand paßt sogar ein Schreibplatz.*

# DER ESSPLATZ
## MITTELPUNKT FÜRS LEBEN

Für viele ist der Eßtisch der wichtigste Platz, weil man dort nicht nur ißt, sondern auch spielt und sich unterhält. Aber welcher Tisch braucht wieviel Raum, und wie paßt er in Küche oder Wohnzimmer?

*35 mal 60 cm: Soviel Platz braucht man, um ein dreigängiges Menü in Ruhe genießen zu können, denn die 60 cm Breite (auch 55 reichen noch aus) sind nicht nur für Geschirr und Besteck, sondern auch für genügend Ellbogenfreiheit gedacht.*

Diese Situation kennt jeder: Man sitzt mit Freunden gemeinsam am Eßtisch, und ehe man sich versieht, ist es nach Mitternacht. Die Sitzgruppe im Wohnzimmer steht noch so unberührt da wie zu Beginn des Abends.

Ein Eßplatz ist also in Wahrheit das Zentrum des Lebens im Haushalt. Früher stand dieser Tisch denn auch in der Wohnküche, und wer heute über eine verfügt, wird ihn selbstverständlich auch dort hinstellen. Die Nähe zum Herd hat eben etwas ausgesprochen Heimeliges an sich.

Nun verfügt längst nicht jede Wohnung über eine solche Küche, aber es gibt natürlich auch andere gute Plätze: die „gute Stube" oder eben das Eßzimmer.

● Welcher Tisch paßt nun in welchen Raum? Ausgehend von einem Gedeck für ein dreigängiges Menü, haben wir den Platzbedarf verschiedener Tische errechnet: vom Frühstücksplatz für zwei, wie er selbst in kleine Küchen paßt, bis zur Tafel für sechs, für die man ein größeres Wohn- oder Eßzimmer braucht. Den Platzbedarf von Zwischenmaßen oder gar noch größeren Tischen können Sie anhand der Zeichnungen auf dieser Seite leicht selbst errechnen.

● Wie Eßtische in eine Küche oder einen Wohnraum integriert wer-

*Helle Möbelhölzer sind wieder in. Hier sorgt der warme Ton der Buche für eine elegante Note. Um den ausziehbaren Tisch gruppieren sich Stühle von Philippe Starck mit elfenbeinfarbenen Sitzflächen aus Kunststoff.*

*Ein relativ kleiner Tisch für vier. Die Ellbogenfreiheit von 55 cm ist ausreichend, der Platz für Schüsseln knapp. Für ein größeres Essen empfiehlt sich ein Beistelltisch.*

den können, zeigen wir auf den nächsten beiden Seiten. Wofür man sich entscheidet, ist allein eine Frage von Vorlieben und Gewohnheiten. Wie sehr sich die Position des Eßtischs auf das tägliche Leben auswirkt, beschreiben wir an jeweils drei Beispielen.

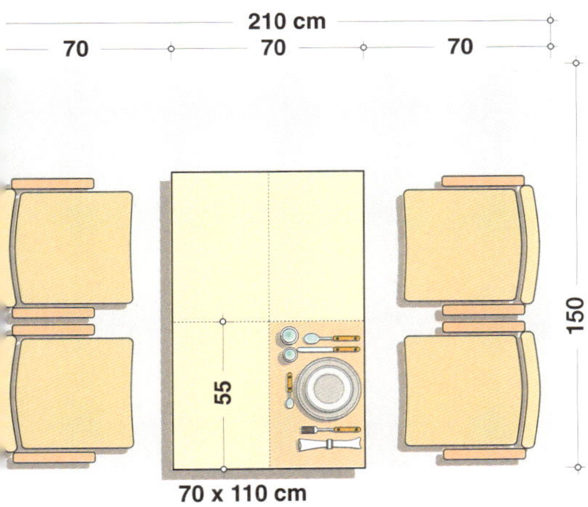


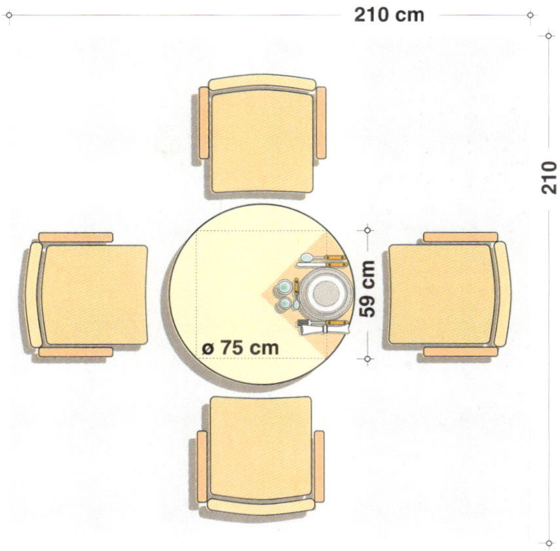


*75 cm Durchmesser sind das Minimum für einen runden Tisch, an dem vier Leute essen. Die Ellbogenfreiheit ist mit 59 cm groß, aber für Schüsseln braucht man einen Beistelltisch oder Servierwagen.*

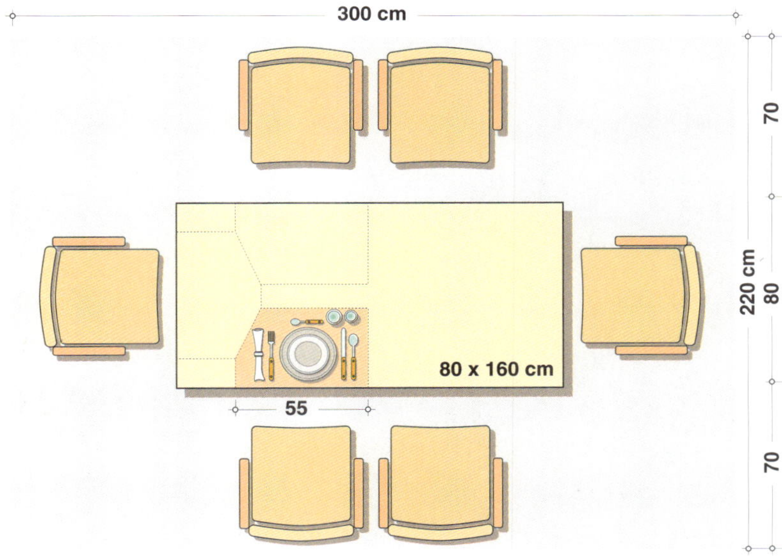


*Hier läßt sich zu sechst tafeln – oder zu acht ein Imbiß einnehmen. Dann sollten hier keine Stühle mit Armlehnen stehen.*

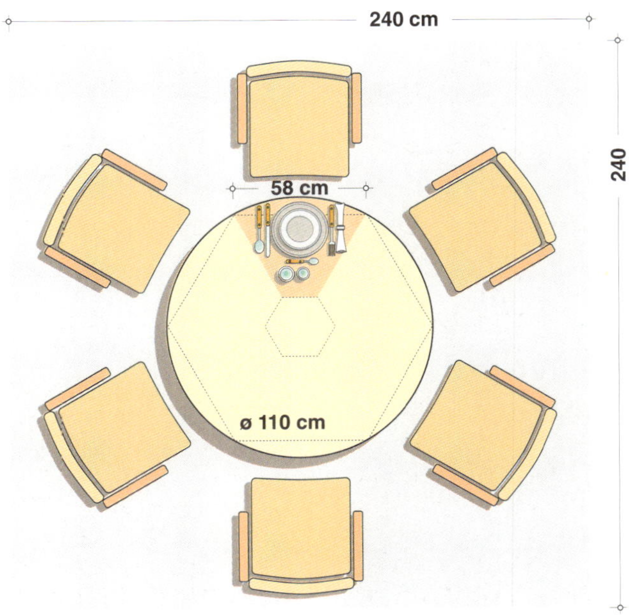


*Wer sechs Leute an einen runden Tisch setzen möchte, braucht weniger Platz als bei einem rechteckigen Tisch (siehe Zeichnung darüber). Positiv auch, daß die Schüsseln für alle gleich gut zu erreichen sind.*

ESSPLÄTZE

# PLATZ DA FÜR DIE TAFELRUNDE

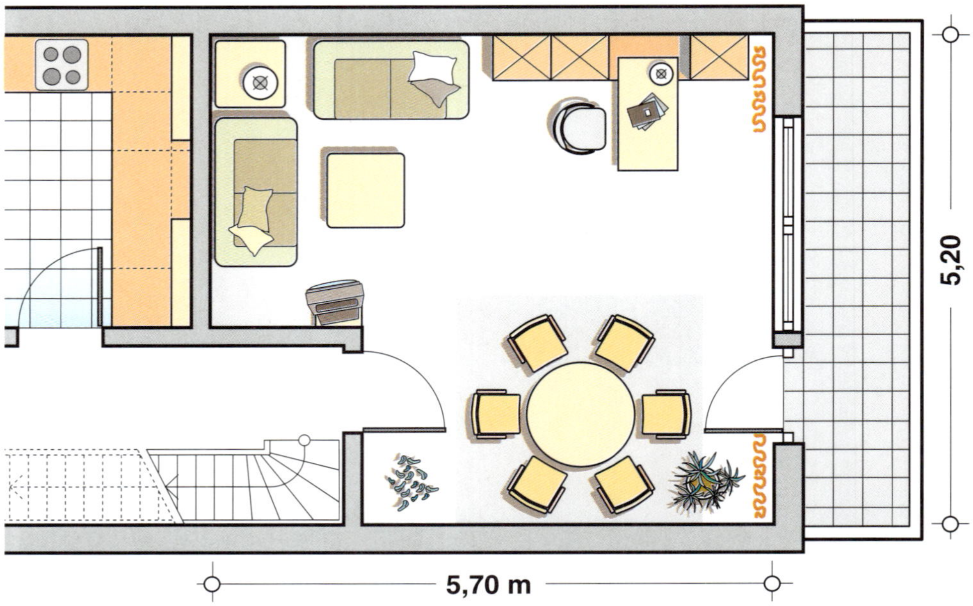


## *Der Tisch als Treffpunkt*

*Dieses Beispiel bietet sich für Leute an, denen Tageslicht an Eßtisch und Schreibplatz wichtig ist. Daß der Eßtisch im Durchgang zwischen Zimmer- und Balkontür steht, macht ihn zum lebendigen Anlaufpunkt. Für den Gang nach draußen ist diese Position nur ein kleiner Nachteil, zwischen Eß- und Schreibtisch ist ja genug Platz.*

## *Logenplatz für acht*

*In diesem Zimmer ist unverkennbar der große Eßtisch der Hauptdarsteller: Er nimmt den meisten Raum ein und steht vor den Fenstern ausgesprochen prominent. Das geht weniger zu Lasten des Schreibplatzes, an dem man fast zurückgezogen arbeiten kann, als mehr zu Lasten der Sitzgruppe, die direkt zwischen zwei Türen untergebracht ist. Sie steht weniger gedrängt, wenn der Eßtisch nur für sechs Sitzplätze ausgerichtet ist.*

## *Optimal für Spielabende*

*Einen besseren Platz für die abendliche Runde als den dieses Eßtisches kann es kaum geben: geschützt in einer Nische, aber mit ausreichend Platz drumherum. Um so besser, wenn es auch noch eine Durchreiche zur Küche gibt. Tagsüber sitzt es sich dagegen sehr schön auf der Sitzgruppe vor dem Fenster. Für den Durchgang von der Zimmer- zur Balkontür ist es von Vorteil, wenn sich der Schreibtisch wegklappen läßt.*

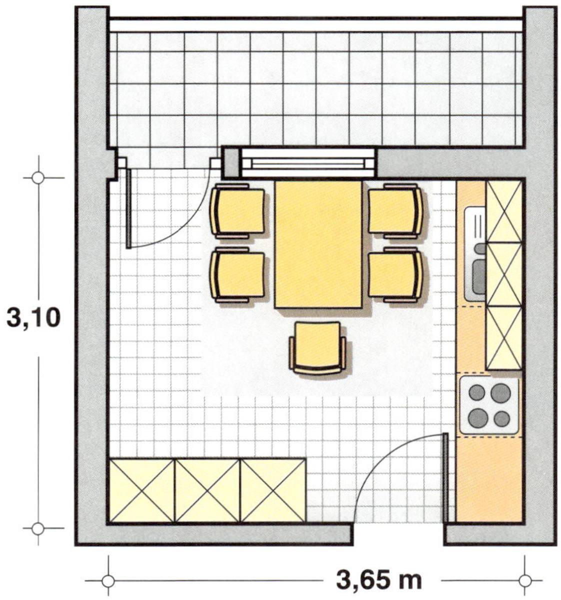


# AM HERD SITZT MAN GEMÜTLICH

***Gut sitzen, beengt arbeiten***

*Der Eßtisch steht vorm Fenster eigentlich sehr schön, aber in diesem Fall hat die Küchenarbeit darunter zu leiden: An der Arbeitsplatte wird man auch tagsüber nicht ohne Kunstlicht auskommen, und an der Spüle ist sehr wenig Platz.*

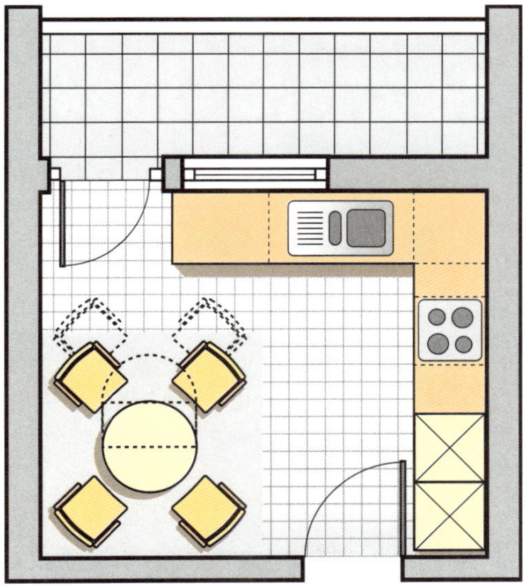

***Flexibel mit Ausziehtisch***

*Diese Aufteilung ist nicht nur auf den schönen Eßplatz abgestimmt, sondern auch auf die Bedürfnisse bei der Küchenarbeit: Die Bewegungsfreiheit ist groß, Spüle und Arbeitsplatte liegen unter dem Fenster. Der Tisch, der zudem ausgezogen werden kann, steht noch in Reichweite des Tageslichts, das durch die Balkontür einfällt.*

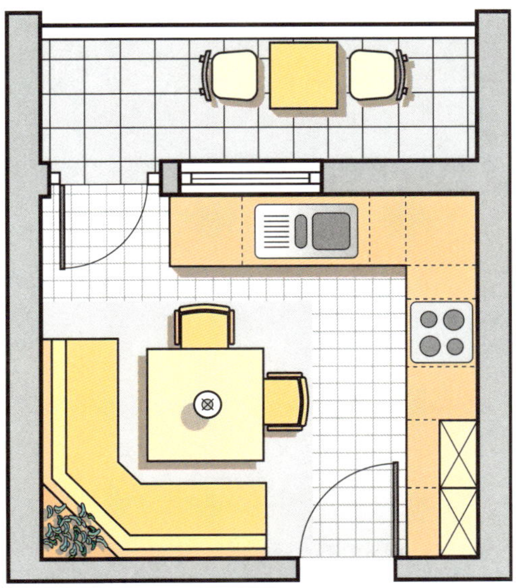

***Rustikal und sehr gemütlich***

*Der Küchenarbeit steht hier nichts im Wege. Schön die Eckbank, die eine Küche immer besonders gemütlich wirken läßt und deswegen wieder beliebt geworden ist. Zudem bietet sie, weil man zusammenrücken kann, mehr Leuten Platz als Stühle auf gleicher Grundfläche.*

## DARAUF SOLLTEN SIE BEIM ESSPLATZ ACHTEN

- Platzbedarf pro Person: 35 cm in der Tiefe, 55 oder besser 60 cm in der Breite.
- Platzbedarf für den Stuhl: etwa 70 mal 55 cm.
- Platz hinterm Stuhl: mindestens 40 cm.
- Material des Tisches stabil und pflegeleicht.
- Möglichst wenig Umwege von der Küche zum Eßplatz.
- Bei größerer Entfernung zur Küche ist ein Geschirrschrank am Eßplatz sinnvoll.
- Bei Tischen, die auch tagsüber genutzt werden: auf Einfall des Tageslichts achten.

## AUF DAS RICHTIGE LICHT WERT LEGEN

- Den Eßtisch sollte man flexibel beleuchten können: zum Essen oder Spielen hell, für Gespräche gedämpft. Ein Dimmer macht's möglich.
- Schön ist auch, wenn man die Größe des Lichtkegels so einstellen kann, daß er beim Essen auch die am Tisch Sitzenden beleuchtet, beim Plausch aber nur den Tisch selbst. Dazu eignen sich höhenverstellbare Leuchten.
- Wer oft Gäste hat und deshalb seinen Tisch auszieht, sollte das Licht anpassen können: indem etwa die Leuchte, die mit einer Schlaufe des Kabels am Haken hängt, an einen für den größeren Tisch besser positionierten Haken gehängt wird. Es gibt aber auch Leuchten für Ausziehtische.

# DIE KÜCHE NUR ZUM KOCHEN ZU SCHADE

Eine Küche soll ein gut funktionierender Arbeitsraum und dazu ein gemütliches Zentrum der Wohnung sein. Aber worauf kommt es bei der Planung an? Wie nutzt man den Platz in kleinen Küchen am besten?

*Natürliche Holztöne und schöne Farben harmonieren mit Glas und Metall. Die offenen Bereiche über den Arbeitsflächen betonen den wohnlichen Charakter. Ein Platz zum Wohlfühlen.*

Kein Zweifel: Eine große Wohnküche ist ein Stück Lebensqualität. In der kleinen Küche dagegen ist der Spielraum zum Gestalten eigener Wohnvorstellungen mitunter gering. Um so wichtiger ist eine intelligente Planung, die eine Standardküche wohnlicher und besser nutzbar macht.

An erster Stelle geht es dabei natürlich um die Küchenarbeit und damit um die richtige Aufteilung der Arbeitsflächen. Folgende Reihenfolge hat sich bewährt (von links nach rechts, für Linkshänder umgekehrt):

- 60 cm Abstellfläche
- Spülbecken
- 60 cm, besser 90 cm Arbeitsfläche
- Herd bzw. Kochmulde
- mindestens 30 cm Arbeitsfläche.

Wichtig ist vor allem, daß jeweils neben Spüle und Herd genug Arbeits- und Abstellfläche vorhanden ist.

Ein weiterer bedeutsamer Punkt ist die Arbeitshöhe. Beim Gemüseputzen sind 90 cm richtig (für Menschen ab 1,70 m Körpergröße besser noch 5 cm höher). Für die Kochstelle eignet sich eine Arbeitshöhe von 70 bis 80 cm besser, für das Spülbecken, bei dem der Beckenboden die Arbeitsfläche ist, eine von etwa 1 m. Wer viel in der Küche arbeitet, sollte sich ergonomisch richtige Arbeitshöhen gönnen: Bandscheiben und Schultern werden es danken.

Kommen wir zum Stauraum. Die „Arbeitsgemeinschaft Moderne Küche" empfiehlt, daß wenigstens sieben Meter Stellfläche von 60 cm Tiefe vorhanden sein sollten – angesichts vieler Neubauküchen ein frommer Wunsch. In denen bedarf es besonderer Kniffe, um den vorhandenen Platz optimal auszunutzen: mit Sockelschubladen, Schubladen mit zwei Besteckladen übereinander, Spülmaschinen von 45 cm Breite und Oberschränken, die bis zur Decke reichen.

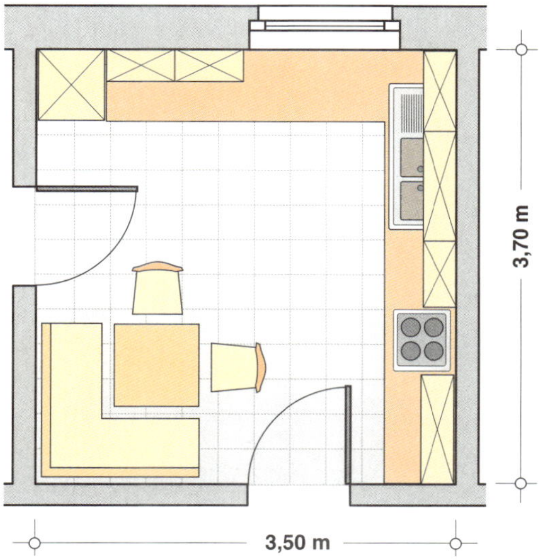


## Wohnküche mit viel Platz

*Wo genug Platz ist, um eine Eßecke einzurichten, werden die Möbel meist zu einem L gruppiert. Es entsteht eine gemütliche Wohnküche mit viel Bewegungsfreiheit. In den Unterschränken ist so viel Stauraum, daß man die Oberschränke durch offene Borde unterbrechen oder gar ersetzen kann.*

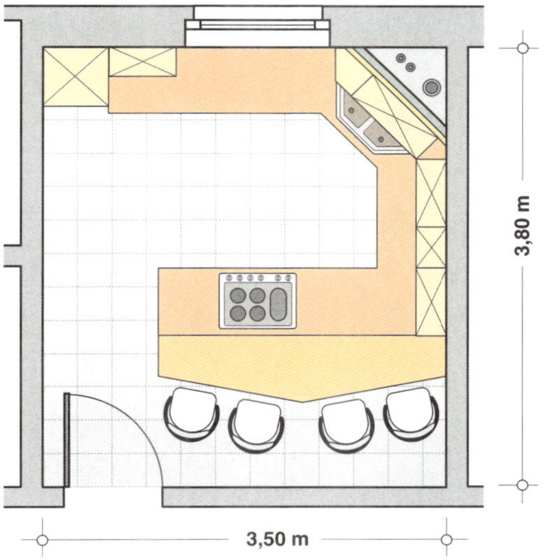


## Halbinsel zum Kochen und Plaudern

*Diese Küche verbindet den Nutzen der U-Form mit der Geselligkeit eines Bartresens. Innerhalb der drei Küchenzeilen sind die Wege kurz, davor kann man sich zu Imbiß oder Aperitif niederlassen. Damit man nicht beengt sitzt, sollte zwischen Tresen und Wand mindestens 80 cm Platz sein.*

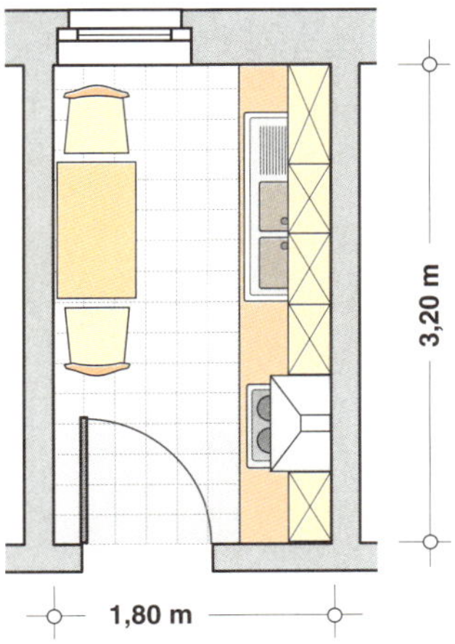


## Die kleinste Variante

*Der Raum ist so schmal, daß nur Küchenzeile und Frühstücksplatz hineinpassen. Wichtig: die Arbeitsfläche von 60 cm zwischen Spüle und Herd.*

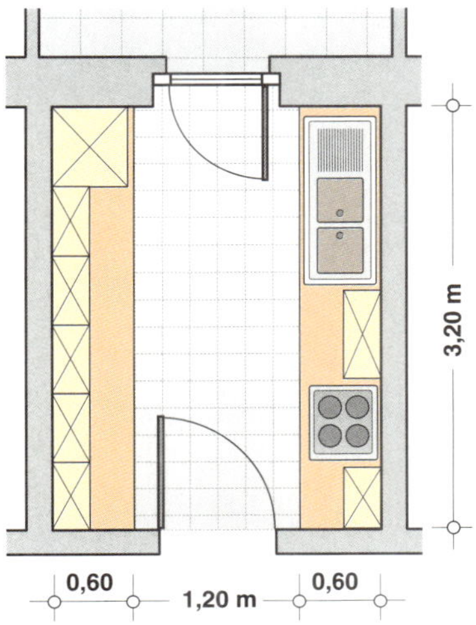


## Zwei Zeilen Funktion

*Die Anordnung von zwei Zeilen setzt voraus, daß dazwischen 1,20 m Platz bleibt, damit man sich frei bewegen kann, wenn eine Schranktür offensteht.*

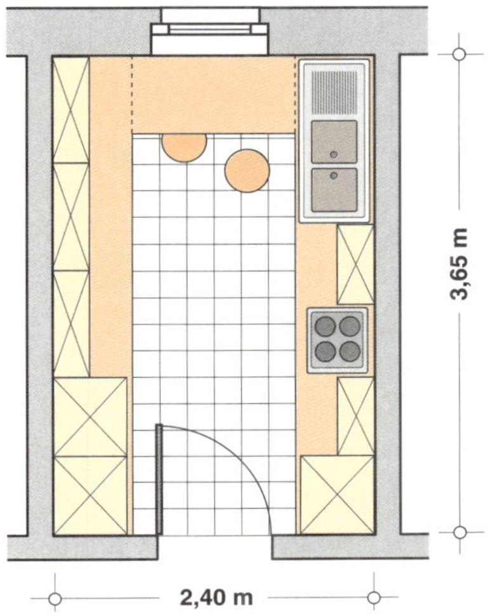


## Das praktische U

*Im schmalen Raum ist die U-Küche die optimale Version der Funktionsküche: Alles ist gut zu erreichen, die Wege sind kurz.*

# AUSSTATTUNG MACHT DIE ARBEIT LEICHTER

### Der passende Sitz zur Küchenbar

*Tresen sind ein beliebter Sitzplatz in der Küche. Die Zeichnung verdeutlicht, wie hoch die Tresenfläche sein muß, damit man mit einem Stuhl, Hocker oder Barhocker daran sitzen kann. Ein Sonderfall ist der zweite von links, wo der Stuhl auf einem 20 cm hohen Podest steht. Damit man sich beim Sitzen nicht die Knie stößt, sollte zwischen Tresenkante und Unterschrank etwa 40 cm Platz sein.*

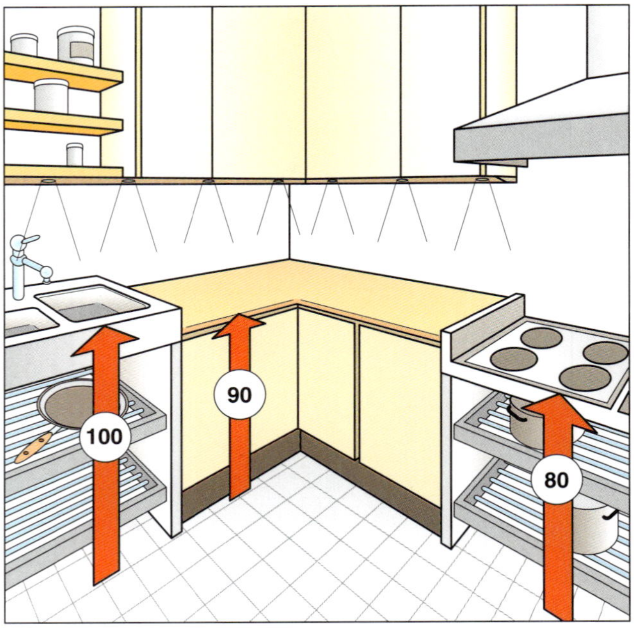


### Abgestuft arbeitet man gesünder

*Die ergonomisch richtigen Arbeitshöhen auf einen Blick: Für die Spüle 1 m, für die Arbeitsplatte 90 cm (ab einer Körpergröße von 1,70 m besser 95 cm), für die Kochstelle 70 bis 80 cm. Wer viel mit dem Backofen arbeitet, läßt ihn am besten in Griffhöhe einbauen. Auch das schont Rücken und Schultern.*

### Viel Stauraum hinter der Tür

*Gerade in kleinen Küchen paßt hinter die Tür oft kein normaler Hoch- oder Unterschrank. Um den Platz nicht zu verschenken, kann man einen Hochschrank in der Tiefe kürzen lassen oder mehrere Oberschränke übereinanderstapeln und hat viel Stauraum, der sich übersichtlich präsentiert.*

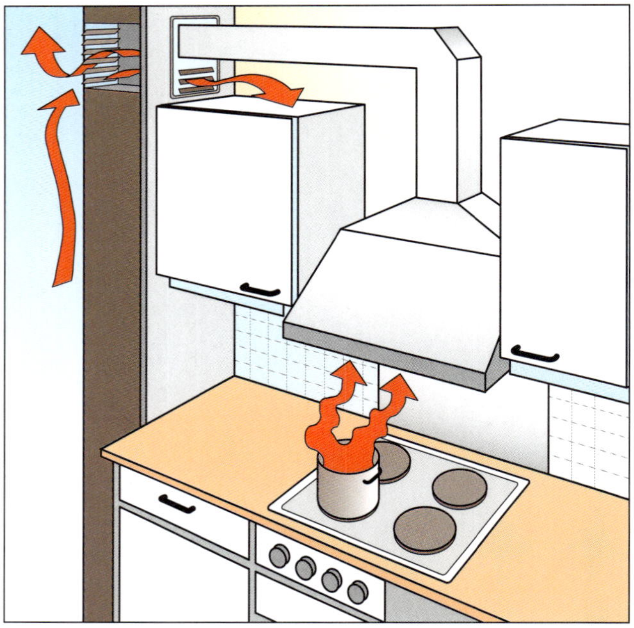

### „Ablufthaube" gegen den Mief

*Das beste Mittel gegen Küchendünste ist eine Abzugshaube, die den Wrasen nach außen abführt. Damit durch den entstehenden Unterdruck die warme Luft nicht aus den Wohnräumen abgesaugt wird (wodurch die Heizkosten steigen), sollte frische Luft nahe der Abzugshaube zugeführt werden.*

### Möglichst variable Beleuchtung

*Für einen Raum, der ebenso funktionstüchtig wie wohnlich sein soll, braucht man ganz unterschiedliche Leuchten: eine Deckenleuchte für allgemeines Licht, Leuchtröhren für die Arbeitsflächen, Akzentleuchten oder Spots, die Atmosphäre schaffen, und Hängeleuchten für gemütliches Licht am Tisch.*

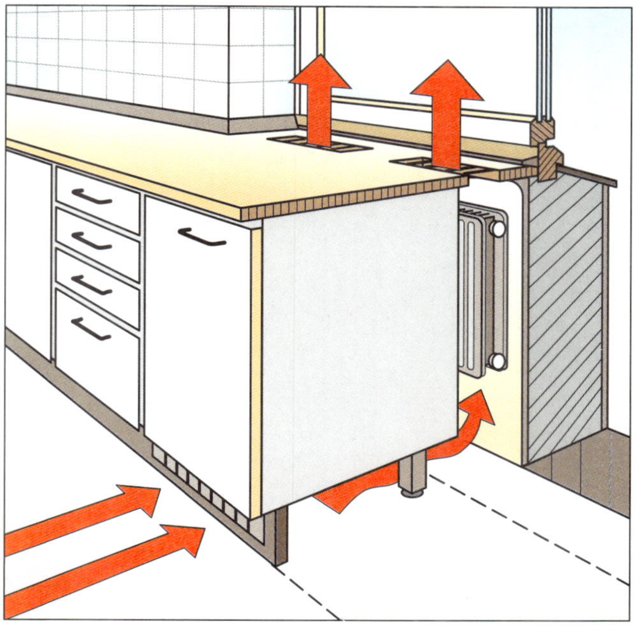

### Stellfläche vor dem Heizkörper

*Ungünstig plazierte Heizkörper, die wertvolle Stellfläche kosten, kann man mit einer Arbeitsplatte überbauen (große Lüftungsschlitze vorsehen). Man kann als Alternativlösung sogar einen Unterschrank davorstellen – allerdings nur, wenn die Luft durch große Öffnungen in der Arbeitsplatte und im Sockel weiter zirkulieren kann.*

### Auch die Ecke gut genutzt

*Eine attraktive Möglichkeit, über dem Putz verlegte Rohre und Leitungen in der Ecke zu verstecken, ist eine Verkleidung im Winkel von 45 Grad. Es bietet sich außerdem an, davor einen Herd oder eine speziell geformte Spüle einzubauen. Die angrenzenden Arbeitsflächen sind trotz dieser Einbauten sehr gut zu erreichen.*

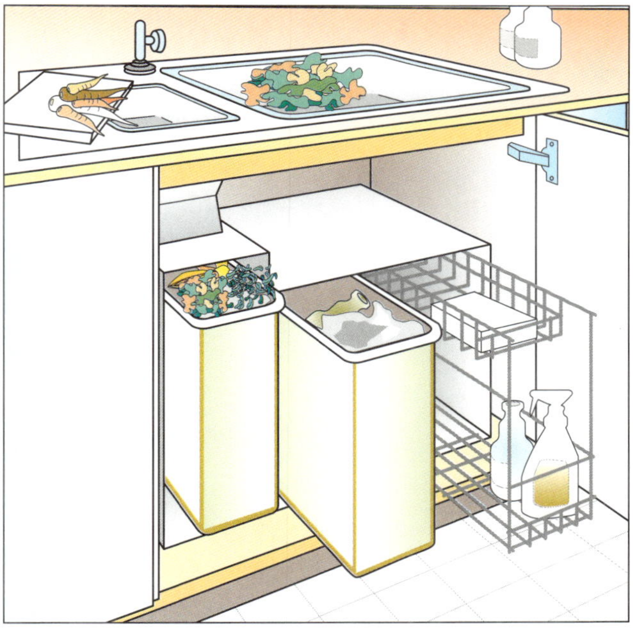

### Müllschacht für Kartoffelschalen

*Eine praktische Einrichtung neben der Spüle, die das Trennen des Mülls erheblich erleichtert, ist eine verschließbare Öffnung in der Arbeitsplatte, in die man die organischen Abfälle der Küchenarbeit einfach hineinfallen lassen kann. Darunter steht dann der Eimer, der später auf den Komposthaufen oder in die Bio-Tonne geleert wird.*

# DAS BAD
# INVESTITION IN MEHR LEBENSQUALITÄT

Ein Bad umzubauen, kostet leider viel Geld. Aber es ist gut investiert, wenn dann aus der sprichwörtlichen „Naßzelle" endlich ein wohnliches und praktisches Badezimmer entsteht.

Wer sich schon einmal nach den Kosten eines Badumbaus erkundigt hat, kann sich sicher noch gut an sein ungläubiges Staunen erinnern. „25 000 Mark? Für drei Quadratmeter Bad?" Dieser Preis war aber leider kein Versehen, sondern ein Stück Realität: Badsanierungen kosten eben viel Geld, und mindestens die Hälfte davon verschlingen die Löhne für Maurer, Installateur, Elektriker und Fliesenleger. Worauf kommt es nun bei Umbau und Einrichtung eines Bades an?

- Zunächst auf die Entscheidung für Dusche oder Badewanne – oder sogar beides. Wer ohnehin nie badet, kann, wenn die Wanne durch eine Dusche ersetzt wird, Platz gewinnen. Eigentümer müssen aber damit rechnen, daß sie den Wert der Immobilie mindern: Die Badewanne ist ein Symbol für Komfort. Familien mit kleinen Kindern können kaum auf sie verzichten.
- Bewegungsfreiheit: Vor allem vor dem Waschtisch sollte sie nicht zu knapp bemessen sein.
- Ablageflächen, am besten direkt am Waschplatz.
- Stauraum für Toilettenartikel und Handtücher.
- Spiegel: Gerade in kleinen Bädern sorgen sie für eine großzügigere Wirkung.
- Heizung: in Form von modernen Handtuchwärmekörpern (bei Ausstattung mit einer elektrischen Heizpatrone auch außerhalb der Heizperiode).

Bevor man sich dann aber an die Umsetzung seiner Pläne macht, braucht man als Mieter unbedingt das Einverständnis des Vermieters sowie eine schriftliche Vereinbarung über eine entsprechende Erstattung der Kosten.

*Der blau geflieste Raumteiler dient als Vorwandinstallation und schirmt gleichzeitig das WC ab. Der von Designer Philippe Starck entworfene Waschtisch steht platzsparend zwischen zwei Fenstern.*

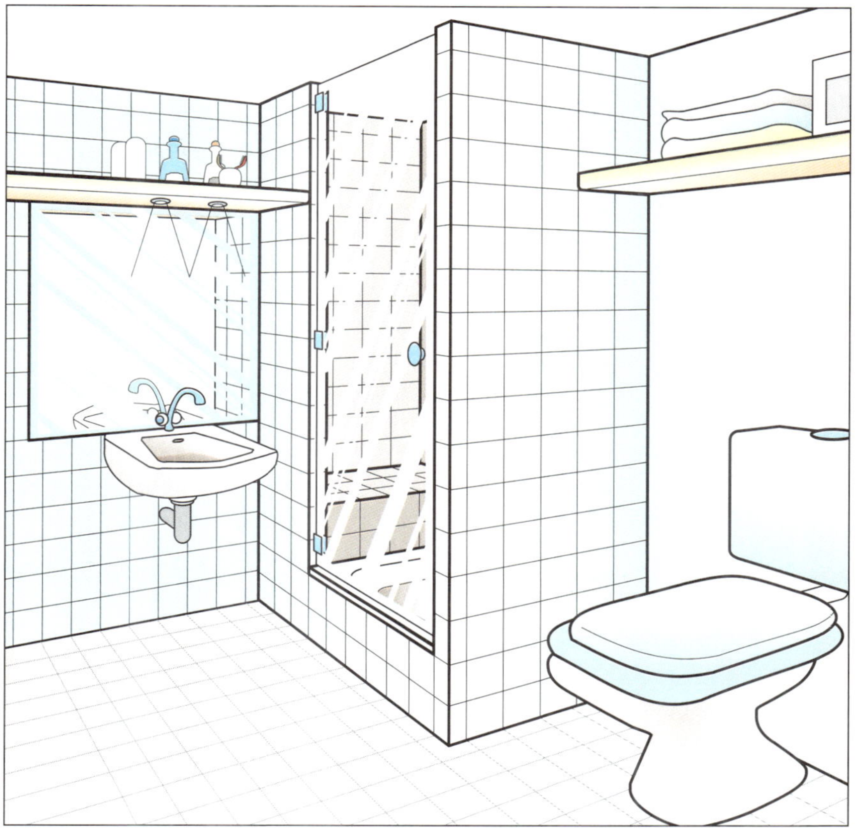

Bei der Gestaltung haben sich Badstudios bewährt, die alle zum Umbau nötigen Handwerker unter Vertrag haben. Dadurch wird die Umbaudauer deutlich reduziert. Es ist wichtig, unterschiedliche Angebote einzuholen. Gerade im kleinen Bad kann eine Idee abseits der Standardlösungen wahre Wunder wirken.

Um sich einen wirklich guten Überblick über den gesamten Markt zu verschaffen, sollte man sich auf jeden Fall mehrere Sanitärausstellungen ansehen.

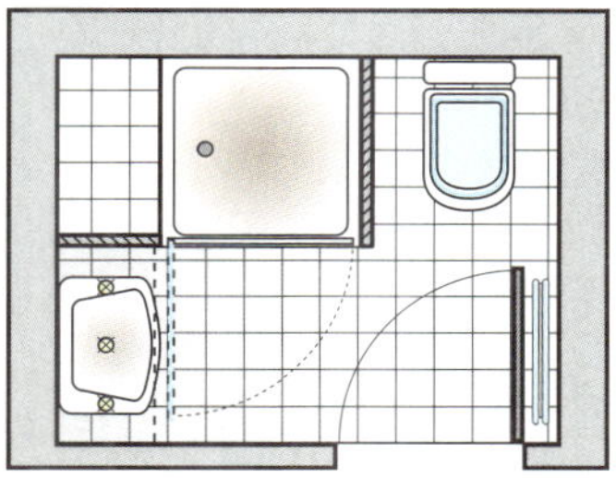

**Nachher:** *Drei klar abgeteilte Zonen für Waschtisch, Dusche und Toilette sind entstanden.*

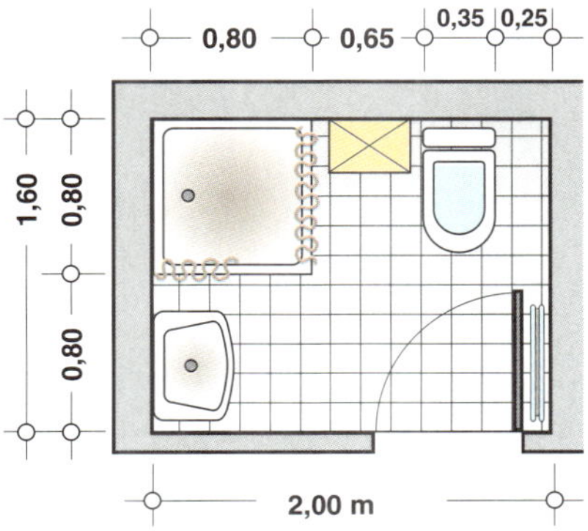


**Vorher:** *Dusche, Waschbecken und WC sind nicht voneinander abgetrennt.*

**3,2 qm: Die Dusche kommt ins Zentrum**

*Die Duschwanne wurde nicht einmal um einen halben Meter versetzt, aber das eröffnete die Möglichkeit, die Dusche in eine attraktive, geflieste Kabine zu integrieren. Der Absatz darin ist nicht nur eine Ablage für Shampoo und Duschgel, er bietet auch die Möglichkeit, nach einem anstrengenden Tag mal im Sitzen zu duschen. Waschtisch und WC liegen dank der Mauern für die Dusche nun in kleinen Nischen, wodurch das ganze Bad aufgeräumter wirkt als zuvor. Dazu tragen auch die Borde bei, die in beide Nischen eingelassen werden konnten.*

# KLEIN, ABER KOMFORTABEL

### 4,6 qm: Die neue Wanne schafft Platz

*Bäder in Schlauchform sind ebenso zahlreich wie schwer einzurichten. Mit Hilfe einer sogenannten Vorwandinstallation, in der die Leitungen für Wasser und Abwasser laufen, konnten die Sanitärobjekte neu sortiert werden: die kurze Badewanne quer unterm Fenster, davor WC, Waschtisch und sogar noch eine Waschmaschine. Über dem Installationselement ist Platz für einen großen Spiegel, der das Bad wesentlich breiter und großzügiger wirken läßt. Einen kleinen Nachteil hat diese Lösung allerdings: Zum Fensterputzen muß man in die Badewanne steigen.*

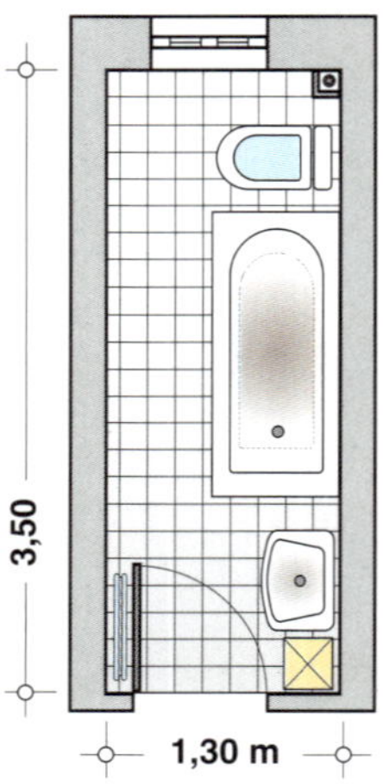


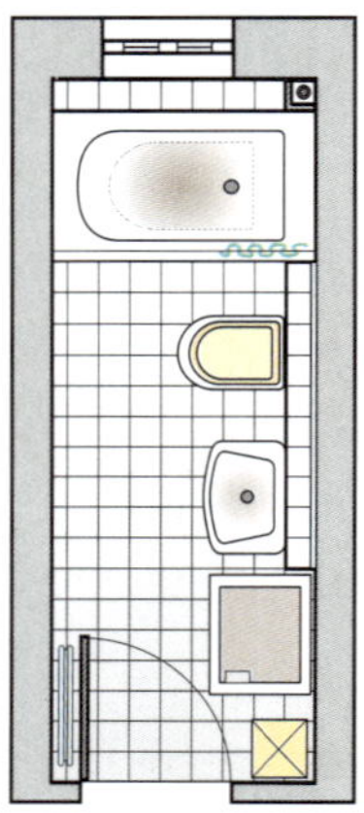

*▶ **Nachher:** Die kurze Wanne läßt das Bad nicht nur besser proportioniert wirken, jetzt hat sogar noch eine Waschmaschine Platz.*

*◀ **Vorher:** Die Schlauchform des Bades wird durch die Reihung der Sanitärobjekte an einer Wand noch unterstützt.*

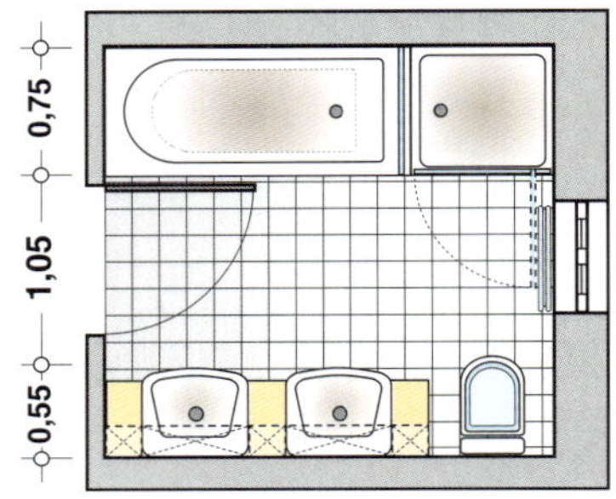


***Nachher:** Der Platz an den Wänden ist jetzt optimal belegt, die Bewegungsfreiheit wurde in keiner Weise eingeschränkt.*

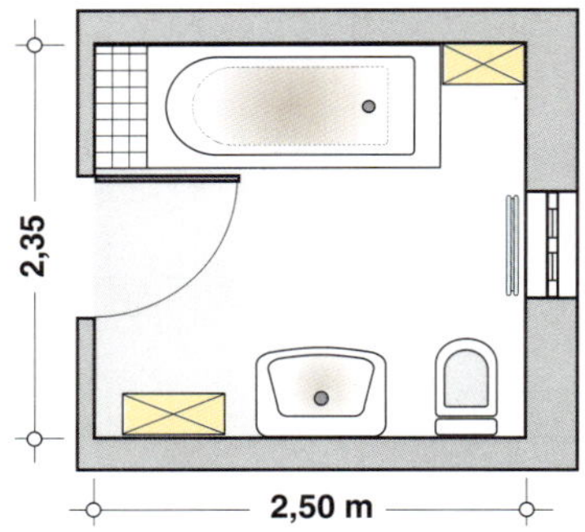


***Vorher:** Viel Platz, der aber vor allem in den Ecken nur sehr unzureichend von der Familie genutzt wird.*

### 5,9 qm: Jede Ecke konsequent genutzt

*Dieses Beispiel zeigt, wie man durch eine wirklich gründliche Ausnutzung des Platzes den Bedürfnissen einer vier- oder fünfköpfigen Familie, die nur über ein Bad verfügt, besser gerecht werden kann. Dort, wo vorher nur die Badewanne stand, paßt jetzt auch noch eine Duschwanne hin. Und dort, wo sich vorher ein großer Waschtisch verlor, können sich nun morgens gleichzeitig zwei die Zähne putzen. Handtücher und Toilettenartikel finden in den eingebauten Unter- und Oberschränken genügend Platz.*

## 7,2 qm: Dreiteilung für mehr Klarheit

*Auch hier wird jeder Quadratzentimeter ausgenutzt. Gestaltungsprinzip ist eine Dreiteilung: Im ersten Teil (von der Tür aus gesehen) befindet sich links die Waschmaschine, rechts das WC; im zweiten links der Doppelwaschtisch, rechts die ummauerte Dusche; und dahinter, quer vor dem Fenster, die Wanne mit dem Boiler, der das gesamte Bad mit warmem Wasser versorgt. Dank dieser Dreiteilung wirkt das Bad nicht überfüllt, obwohl darin ein Höchstmaß an Funktionen integriert wurde. Auch hier der kleine Nachteil, daß man zum Fensterputzen in die Wanne steigen muß.*

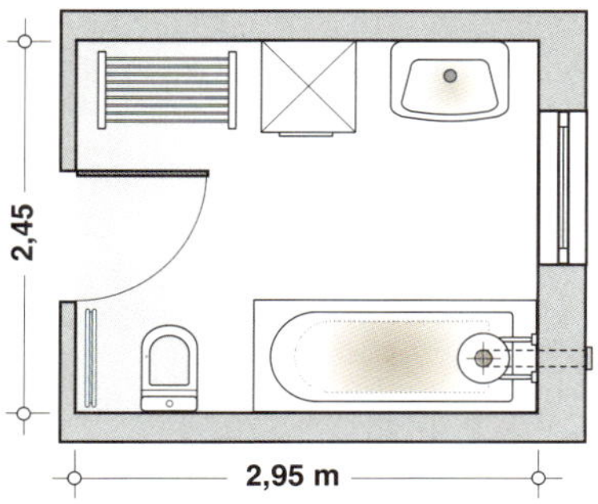


***Vorher:** Das Bad wirkt trotz des vielen Platzes nicht großzügig, sondern unstrukturiert.*

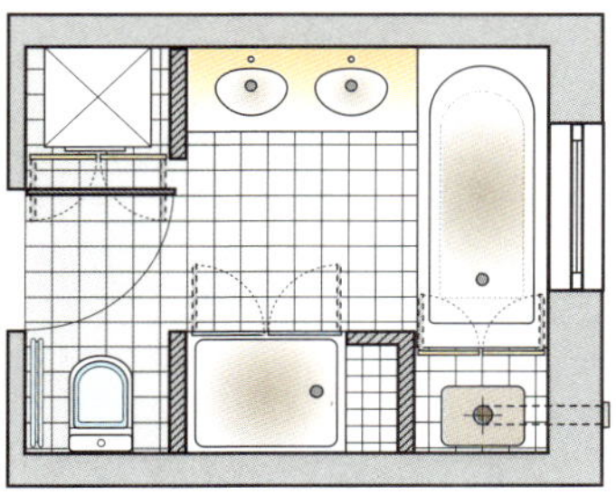

***Nachher:** Attraktiv gegliedert und mit extra Dusche und Doppelwaschtisch viel praktischer.*

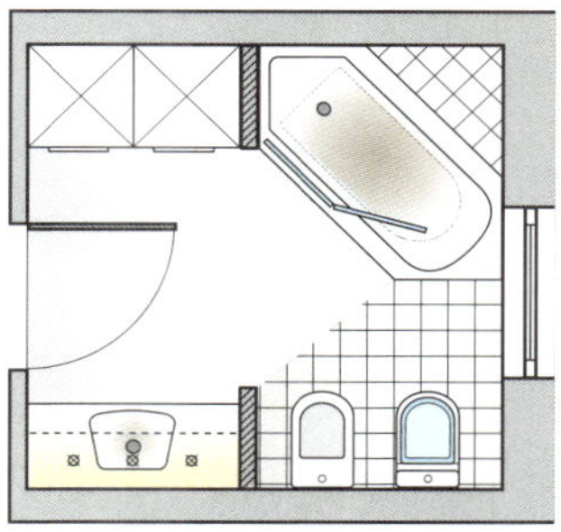

***Nachher:** Dank der Eckbadewanne wirkt das Bad nicht nur luxuriöser, der Platz konnte zudem besser genutzt werden.*

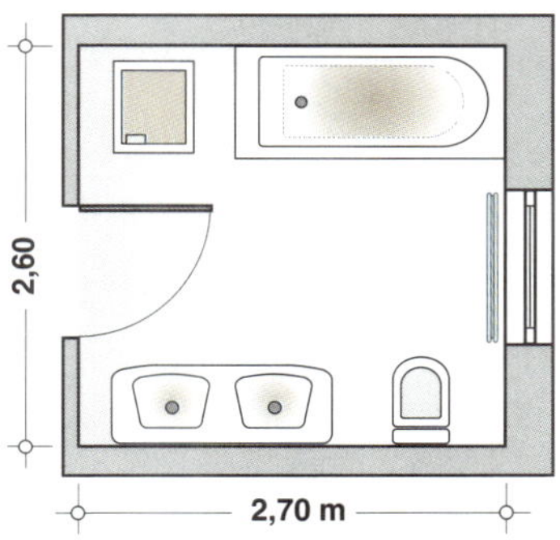


***Vorher:** Ein großes Bad, das seinen Zweck erfüllt, allerdings ohne besonderen Pfiff ausgestattet.*

## 7 qm: Badewanne über Eck eingebaut

*Eine Eckbadewanne wirkt immer luxuriös, aber es gab hier auch einen praktischen Grund für ihren Einbau: Sie benötigt weniger Platz auf der Längswand, was den Einbau eines 60 cm breiten Wäscheschrankes neben der Kombination von Waschmaschine und Trockner ermöglichte. Charakteristisch für dieses Bad ist die Symmetrie der Aufteilung mit den Trennwänden auf gleicher Höhe, den gleich hoch eingesetzten Böden über Waschtisch und Schrank sowie der Fliesenfläche vor WC und Bidet, die im Winkel der Eckbadewanne angeschnitten ist. Dieser Symmetrie wurde der Doppelwaschtisch geopfert, für den im vorderen Teil des Bades nicht mehr genug Platz war.*

# SCHLAFZIMMER
# AUSRUHEN, WOHNEN, VERSTAUEN

Das Schlafzimmer ist nicht allein zum Schlafen da. Natürlich soll man hier vor allem seine erholsame Nachtruhe finden, aber es soll auch wohnlich sein und gleichzeitig viel Stauraum zur Verfügung stellen.

Die Bedingungen, die erfüllt sein müssen, damit man erholsamen Schlaf findet, sind von Mensch zu Mensch höchst unterschiedlich. Der eine kann nur gut schlafen, wenn das Bett mitten in einem leeren Raum mit großen Fenstern steht. Ein anderer bekommt in solch einem Zimmer kein Auge zu. Der braucht nun mal einen kleinen, überschaubaren Raum, die Wand hinter sich und die Tür im Blickfeld.
Natürlich lassen sich solche Idealvorstellungen nicht in jeder Wohnung realisieren. Wenn es möglich ist, sollte man also einige Nächte an der geplanten Stelle „probeschlafen", bevor der Kleiderschrank eingebaut wird und keine Alternative mehr zuläßt. Die Unsicherheit, die von einer bestimmten Position des Bettes ausgelöst wird, erledigt sich meist nicht durch Gewöhnung, sie kann sich im Gegenteil zu Schlafstörungen steigern. Dabei sind ja, wie unsere Beispiele zeigen, in einem Raum mehrere Varianten möglich. Genauso wichtig fürs Wohlbefinden ist es, die Lebensgewohnheiten beider Partner zu berücksichtigen: zum Beispiel, wenn einer abends lange liest, weil er morgens später aufstehen kann. Damit das nicht ständig Anlaß zu Streit gibt, sollte die Nachttischleuchte einen kleinen Lichtkegel haben, sollten vor allem die Schränke so angeordnet sein, daß man sich davor frei bewegen kann, ohne den Langschläfer allzusehr zu stören. Auch sollte man nicht den ganzen Raum taghell beleuchten müssen, um die Farbe der Socken zu überprüfen. Eine Innenbeleuchtung der Schränke oder auf sie gerichtete Strahler ent-

*Das Bett ist frei im Zimmer aufgestellt. Dahinter trennt eine breite Stoffwand den Schlaf- vom Schrankbereich. Dazwischen entsteht ein Raum, der als eine Art Ankleidepassage genutzt werden kann.*

schärfen das Problem. Sind die Gewohnheiten gar zu unterschiedlich, und wird der eine häufig gestört, können getrennte Betten die bessere Alternative sein. Zudem zeigen unsere Beispiele, daß man gerade kleine Räume mit zwei Einzelbetten viel flexibler gestalten kann als mit einem Doppelbett.

Kommen wir zum Thema Schrankraum: Davon hat man meistens nicht genug. Damit die Schränke das Zimmer nicht erdrücken, sollte man einige Regeln beachten:

- Schränke wirken weniger wuchtig, wenn sie nur von vorne zu sehen sind und nicht auch von der Seite. Vor allem sollte man vermeiden, sie an die Wand zu stellen, zu der sich die Zimmertür öffnet, wenn hinter der Tür nicht mindestens 60 cm Platz ist, weil man sonst bei Betreten des Raumes gegen die Schrankseite läuft.
- Nutzen Sie die ganze Höhe des Zimmers, was mit Einbauschränken am besten möglich ist. Selbst bei einer Deckenhöhe von 2,50 m steht dort noch einiger Stauraum zur Verfügung.
- Bevorzugen Sie Schränke mit Schiebe- oder Falttüren. Sie ermöglichen es, den Durchgang vor dem Schrank auf ein Minimum zu reduzieren.
- Schränke müssen nicht immer an der Wand stehen. Wer sie als Raumteiler einsetzt, kann gerade in langen, schmalen Räumen einen wohnlichen und kuscheligen Schlafbereich abteilen.

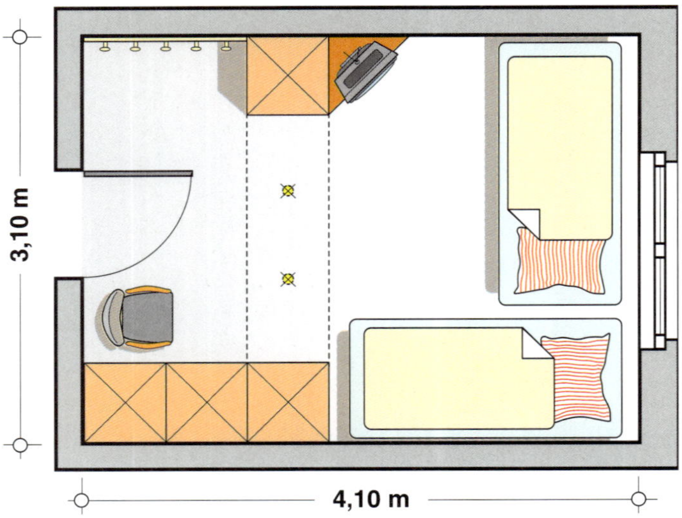

SCHLAFZIMMER

# JEDER WINKEL OPTIMAL GENUTZT

**Klein, praktisch und wohnlich**
*Die Anordnung der Schränke, die durch einen Kofferboden verbunden sind, sorgt für eine klare Gliederung des Zimmers. Der Bereich vor dem Fenster ist zwar nicht besonders groß, läßt sich aber als kleine Wohnecke nutzen. Schönes Detail: die Halogenstrahler im Kofferboden.*

**Ein Regal ergänzt die Schränke**
*Schränke von insgesamt 3,60 m Breite sowie ein schmales Doppelbett passen bei dieser Lösung in den Raum. Gewiß, das Bett steht ein wenig beengt, aber dank des Sideboards vis à vis wirkt der Platz vor dem Fenster nicht zu eng. Eine gute Möglichkeit, verschiedene Schränke, die man bereits besitzt, zu einer Front vorgegebener Breite zusammenzustellen, ist ein maßgefertigtes Regal, das dazwischengestellt wird. So wirkt die Schrankfront zudem etwas lockerer.*

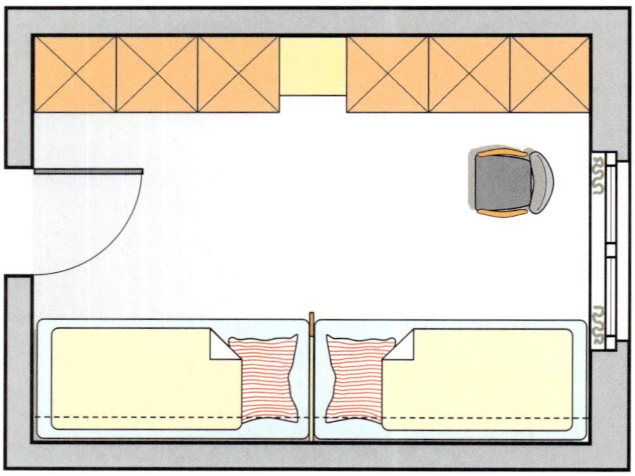

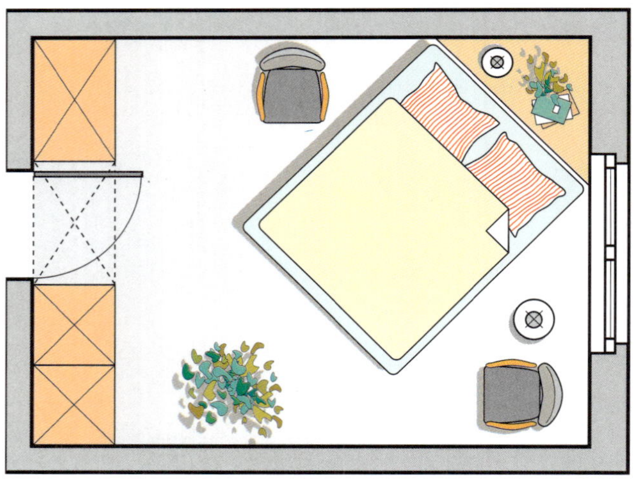

**Viel Stauraum im kleinen Zimmer**
*Wer viel zu verstauen hat, ist mit dieser Lösung gut bedient: 3,60 m Schrank sind beachtlich für ein Zimmer von knapp 13 Quadratmetern. Allerdings wirkt der Raum nicht sehr wohnlich. Eine gute Möglichkeit, Ablagefläche für Bücher und Leuchten zu schaffen, ist das durchlaufende Bord über den Betten an der Längswand.*

**Auch über der Tür ist Platz**
*Dieses Zimmer wirkt großzügig möbliert, in die Raumecke hinter dem Bett paßt eine große Ablagefläche. Der Nachteil, daß an der Stirnwand weniger Stellfläche für Schränke ist als an der Längswand, wird zum Teil dadurch ausgeglichen, daß die Tür überbaut wurde. Wenn die Türfronten zudem noch in der Wandfarbe gestrichen werden, tritt ein Einbauschrank von erheblichem Volumen optisch in den Hintergrund.*

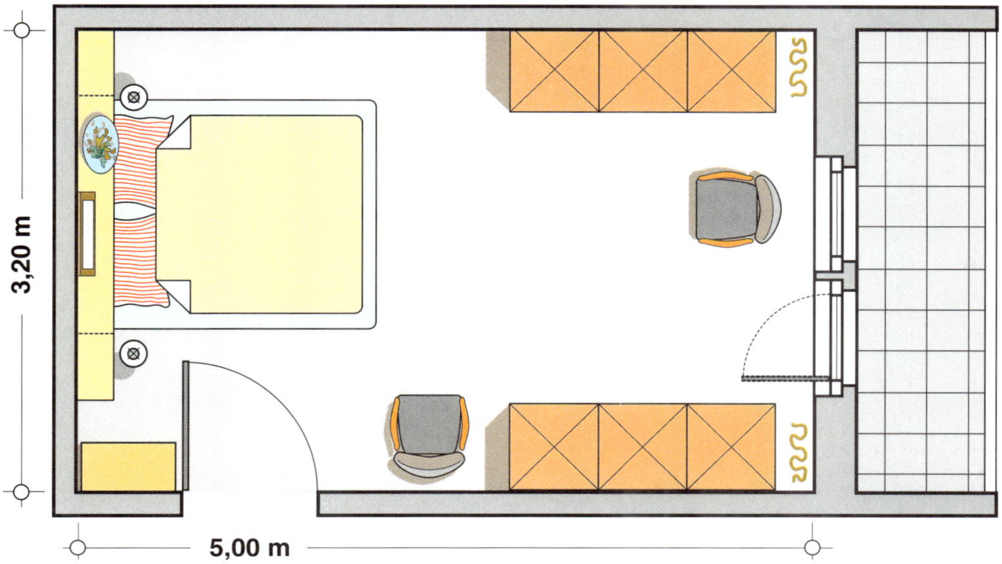


## Viel Bewegungsfreiheit vor den Schränken

*Tageslicht am Kleiderschrank ist wichtig, weil es die Auswahl von Bluse oder Krawatte erleichtert. Ein weiterer Vorteil: Man kann sich vor den Schränken frei bewegen. Für das Bett ist genug Platz, auch wenn es im Eingangsbereich des Zimmers etwas ungeschützt steht. Die Regale, mit denen das Bett umbaut ist, können diese Wirkung mildern, sie bieten zudem viel Ablagefläche für Bücher.*

## Fast fünf Meter Schränke bis unter die Decke

*In ein relativ kleines Zimmer wurde eine Ankleidekammer eingebaut: mit fast fünf Metern Schrankraum bis unter die Decke. Weil die Schränke mit Schiebetüren ausgestattet sind, hat man zwischen ihnen genug Bewegungsfreiheit. Der verbleibende Platz fürs Bett ist mit etwa 9 m² noch groß genug, der Schlafbereich wirkt auch dank Sessel und Sideboard freundlich und wohnlich.*

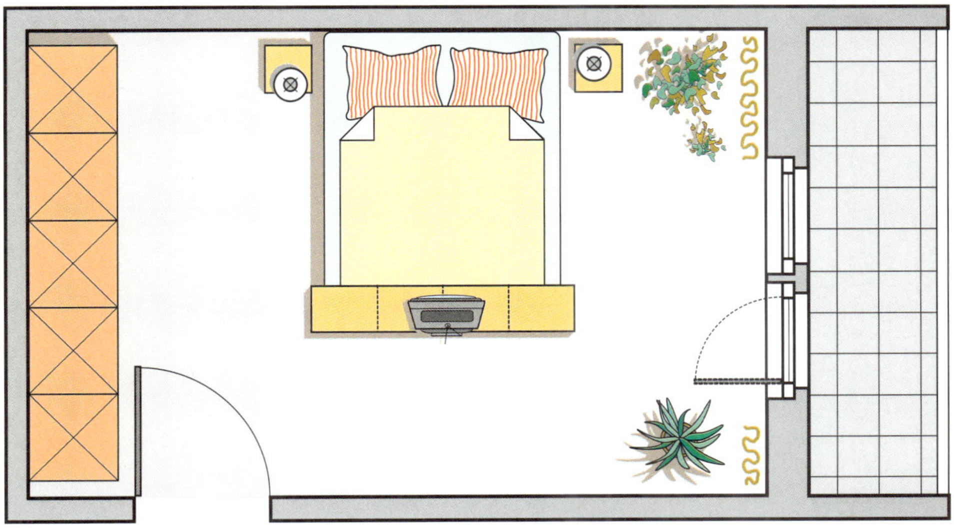

## Die klassische Lösung, die großzügig wirkt

*Eine Anordnung der Möbel wie in diesem Beispiel ist zwar nicht unbedingt originell, sie hat aber viel für sich: Der Raum wirkt frei und großzügig, attraktive Möbel kommen besonders gut zur Geltung. Das Sideboard steht am Fußende des Bettes, weil dann die Entfernung zu einem kleinen TV-Gerät, wie es meist in Schlafzimmern steht, optimal ist. Wer im Bett nicht fernsieht, kann das Sideboard an die Wand stellen und so das Bett für sich alleine wirken lassen.*

# DER FLUR

## VISITENKARTE MIT VIELEN FUNKTIONEN

Ein Flur sollte mehrere Funktionen erfüllen: Er ist das Aushängeschild der Wohnung und muß gleichzeitig aber auch Dinge aufnehmen, die man in den Zimmern nicht mehr verstauen kann.

Daß der Flur den ersten Eindruck von einer Wohnung prägt, ist eine ebenso banale wie folgenschwere Erkenntnis. Denn die meisten Flure sind für ihre Aufgabe als Visitenkarte denkbar schlecht gerüstet: meist unglücklich proportioniert, eng und mit vielen Türen ausgestattet, die die Stellfläche minimieren.
Die allerdings ist notwendig, um die Garderobe, die Schuhe und vieles, was man nicht in den Keller bringen möchte, unterzubringen. Es gilt also, Stauraum zu schaffen. Dafür bieten sich Nischen oder auch der Platz hinter der aufgeschlagenen Eingangstür an.
Wo beides nicht möglich ist, kann man ein Regal oder eine Kommode von geringer Tiefe aufstellen, die die Fluchtwege nicht verstellen – oder den Raum über den Türen nutzen. Je leichter allerdings der Stauraum zugänglich ist, um so größer ist auch die Chance, daß der Flur sich wirklich aufgeräumt präsentiert. Denn in einem Durchgangsraum bleibt nun mal leider schneller etwas liegen als in einem Zimmer, in dem man sich über mehrere Stunden aufhält.

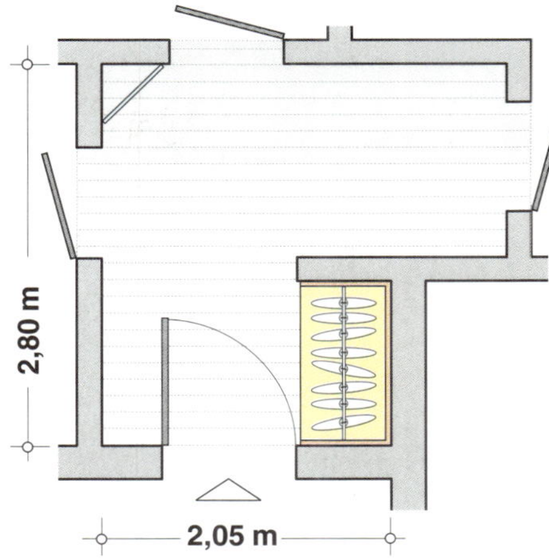


**Großzügiger mit einem Spiegel**
*Einen bodentiefen Spiegel schätzen viele. Hier wurde er im 45-Grad-Winkel zur Wand angebracht, was den Flur großzügiger wirken läßt. Praktisch ist die Garderobennische, die man in vielen Winkelfluren auch nachträglich durch die Verlängerung einer Wand herstellen kann.*

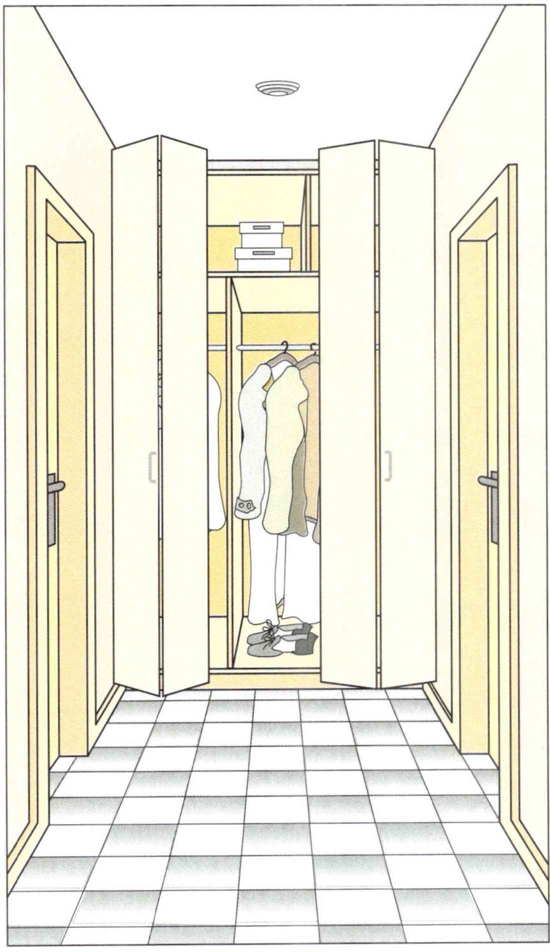

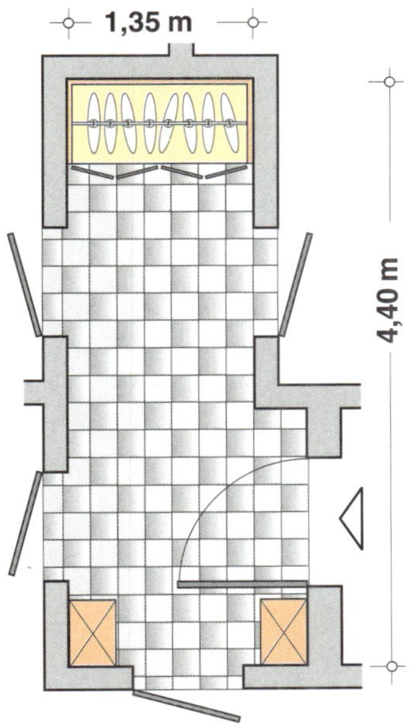


**Einbauschrank mit platzsparenden Falttüren**
*Die gefangene Stirnseite eines Flurs ist der beste Platz für einen Einbauschrank mit Falttüren. Sie brauchen weniger Platz als normale Türen, und der Schrank läßt sich, anders als mit Schiebetüren, zu 95 Prozent öffnen. Soll der Flur optisch verkürzt werden, wählt man dunkle Türen, soll er optisch verlängert werden, helle oder gar Spiegeltüren.*

FLUR

# LICHT UND STAURAUM

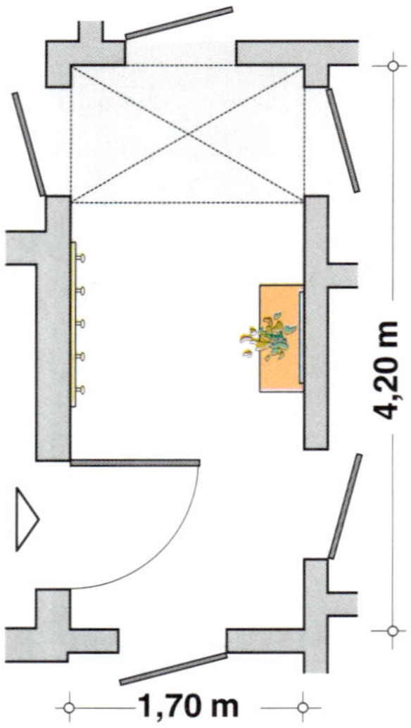

### Ein Boden für das, was man selten braucht

*In diesem Kofferboden wird man keine Sachen des täglichen Bedarfs unterbringen, aber Akten oder eben Koffer sind hier optimal verstaut. Man wird einen solchen Boden nicht im Eingangsbereich einbauen (zumindest nicht im Neubau, wo die Türhöhe geringer ist als im Altbau), sondern dort, wo die Türen zu Bad, Schlaf-, Kinder- oder Gästezimmer führen. So sorgt der Boden gleichzeitig für eine Gliederung der Wohnung in einen „öffentlichen" und in einen „privaten" Bereich.*

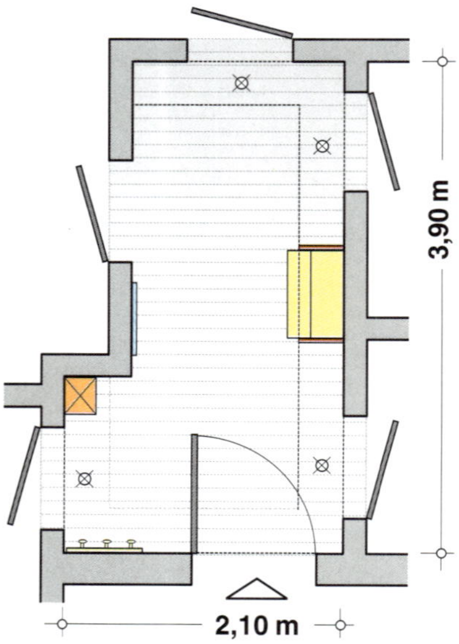

### Viel Platz auf dem umlaufenden Bord

*Wer in schmalen Fluren etwas verstauen möchte, sollte den Platz über den Türen nutzen – zum Beispiel mit einem umlaufenden Bord von 30 cm, das nicht erdrückend wirkt, aber trotzdem einigen Stauraum bietet. Dieselbe Tiefe hat ein Regal mit mehreren Funktionen: Oben ist ein Spiegel integriert, darunter eine Schreibfläche und darunter ein Schuhschrank mit drei Klappen. Das Regal ist zum Selberbauen, der Schuhschrank ein handelsübliches Modell.*

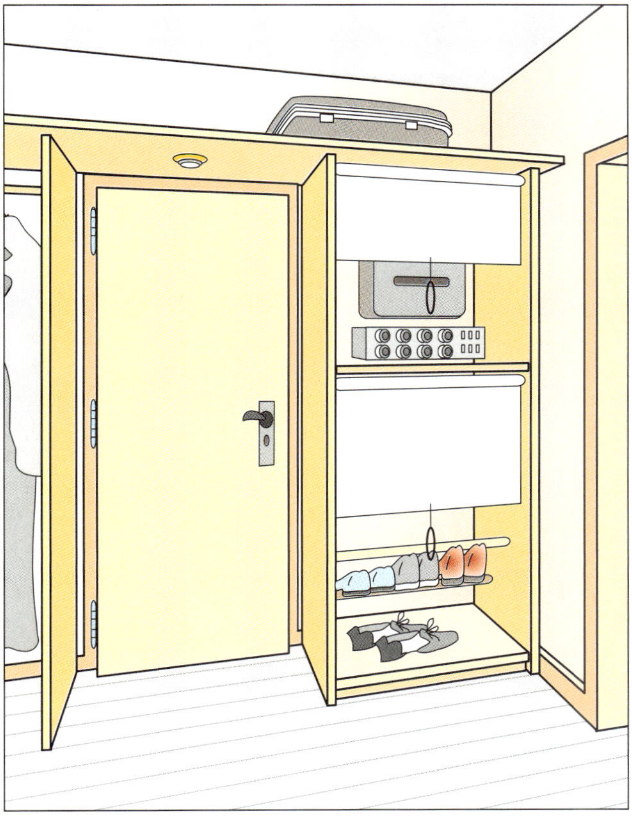

## Praktisches Versteck für den Zählerkasten

*Ein Zählerkasten neben der Tür ist ebenso normal wie unattraktiv. Hier verschwindet er nicht einfach in einem Kasten, er wurde mit einem mit Rollos zu schließenden Regal umbaut, das die Tür einfaßt. Darin ist nicht nur Platz für die Schuhe, sondern links neben der Tür auch für die Garderobe und auf dem Bord darüber für Koffer oder Aufbewahrungsboxen. Wegen der geringen Tiefe können die Mäntel allerdings nur hintereinander aufgehängt werden.*

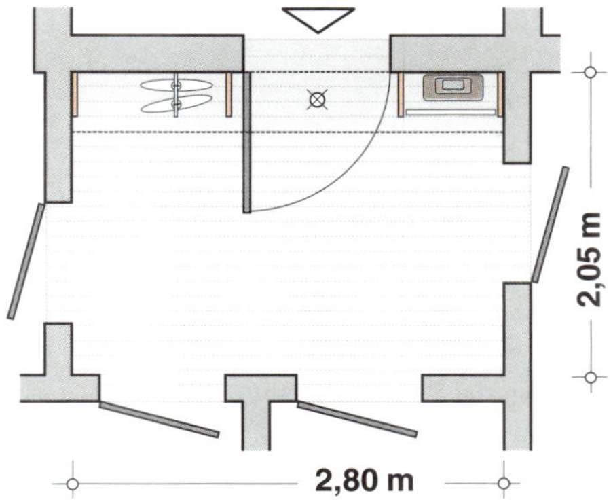

## Künstliche Oberlichter für den Altbauflur

*Der typische Flur einer Wohnung der Jahrhundertwende: lang, schmal und hoch. Ein simples Mittel, diesen Eindruck zu korrigieren, können Böden sein oder, wie in diesem Beispiel, zwei mit Stoff bespannte Leistenrahmen im Abstand von etwa einem Meter, die nicht nur die Decke optisch herunterziehen, sondern den Flur zugleich kürzer wirken lassen. Sind darüber Linestra- oder Leuchtstofflampen montiert, wirken die Rahmen wie Oberlichter, die den Flur hell und freundlich erscheinen lassen. Ein unbestreitbarer Vorteil vieler Altbauflure sind die Kammern, die von ihnen abgehen. Hier wurde eine zur Garderobe gemacht, die mit einer verspiegelten Schiebetür zu schließen ist.*

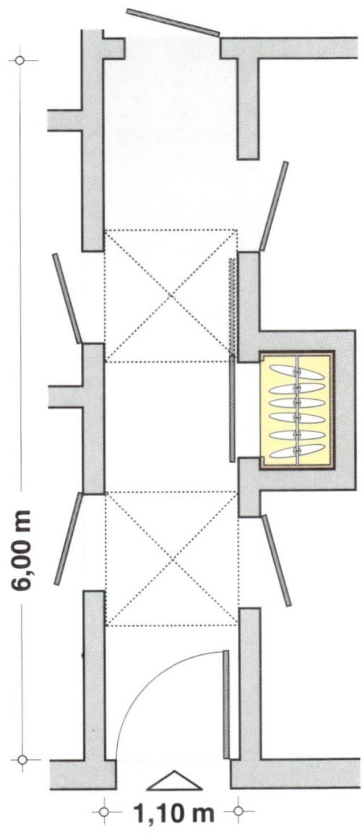

# APARTMENT AUF GUTE PLANUNG KOMMT ES AN

Die Einzimmerwohnung ist gleichsam das Gesellenstück jedes Innenarchitekten, denn hier kommt es auf eine besonders geschickte Anordnung gut ausgewählter Möbel an.

Wenn man in einem Raum wohnen, essen, schlafen und arbeiten möchte, ohne daß die Wohnung beengt wirkt, gilt es eine ganze Reihe von Punkten zu beachten.

- Die Farben: Wände und Boden in hellen Farbtönen und ruhigen Mustern lassen einen Raum viel größer wirken.
- Die Fensterdekoration: Auch hier empfehlen sich helle, zurückhaltend gemusterte Stoffe, die nicht üppig gerafft werden, sondern die Fenster etwa in Form von Rollos bekleiden.
- Die Möbel: Am besten eignen sich leicht wirkende Möbel aus hellen Hölzern. Das gilt vor allem für die Schränke, die mit dunklen Fronten einen kleinen Raum erdrücken würden. Dagegen vergrößern Spiegelfronten den Raum optisch. Von Vorteil sind multifunktionale Möbel: das Schlafsofa oder das Bett, das sich mit Kissen zum Sofa verwandeln läßt; der Schrank, aus dem sich ein Bett, das Regal, aus dem sich eine Arbeitsplatte herausklappen läßt. Außerordentlich praktisch sind Möbel, die wenig Platz brauchen, wenn man sie nicht benötigt: Klappstühle und -tische.
- Die Anordnung der Möbel: Es muß nicht die beste Lösung sein, wenn alle Möbel an der Wand aufgereiht stehen. Der Raum kann deutlich gewinnen, wenn Bereiche voneinander getrennt werden: etwa der Schlaf- vom Wohnbereich durch Vorhänge oder im Raum stehende Kleiderschränke.
- Der Stauraum: Wo wenig Platz ist, sind Einbauschränke mit Schiebetüren praktisch, weil sie den Raum bis unter die Decke nutzen. Auch unter einem Hoch- oder Halbhochbett kann man vieles verstauen.

*Wer in einem Ein-Zimmer-Apartment möglichst viele Dinge unterbringen will, kommt mit einer eher unkonventionellen Einrichtung viel besser zurecht als mit dem gewohnten, oft schwerfälligen und sperrigen Mobiliar.*

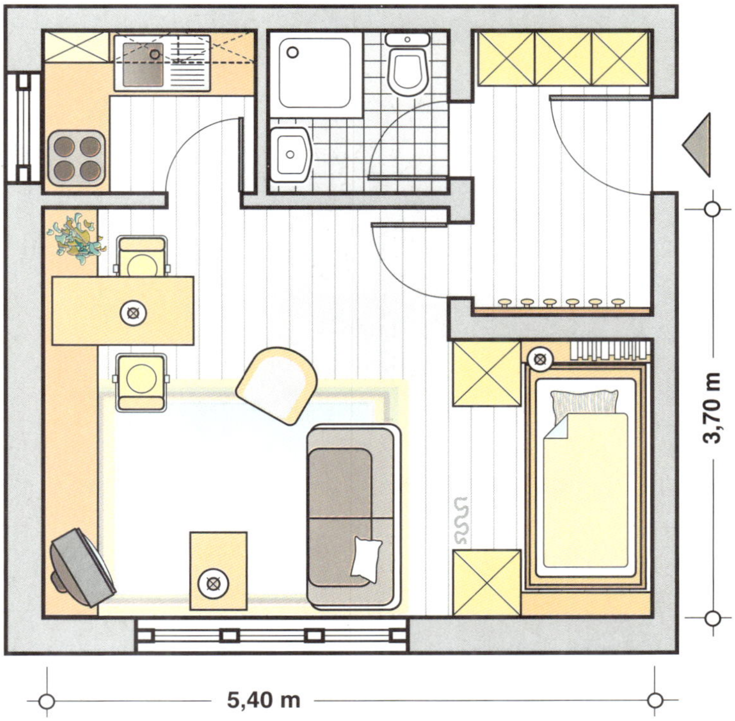


**Die Bettnische wird zum Alkoven**
*Wer nicht jeden Morgen das Bett machen möchte, kann hier einfach den Vorhang zuziehen, der die Lücke zwischen den beiden Schränken vor der Bettnische schließt. Der Rest des Raumes wird von dem halbhohen Bord an der linken Wand geprägt, das nicht nur Platz für Bücher, Aktenordner und das Fernsehgerät bietet, sondern auch die Auflage für den kombinierten Eß- und Schreibtisch ist. Wenn Gäste kommen, kann man daraus mit Hilfe eines Tischbockes und mehrerer Klappstühle einen Eßtisch für eine Runde von bis zu sechs Personen machen.*

**Klappmöbel schaffen Großzügigkeit**
*In dieser Wohnung gibt es gleich mehrere Möbel, die man schnell wegräumen kann: den Klapptisch, die Klappstühle und das Schrankbett. Der Wohnraum wirkt dann viel großzügiger, und vor dem Fenster ist Platz für einen großen Schreibtisch – praktisch für alle, die sich viel in ihrer Wohnung aufhalten. Damit man auch mehrere Gäste zum Essen einladen kann, empfiehlt sich ein Tisch mit zwei herunterklappbaren Platten.*

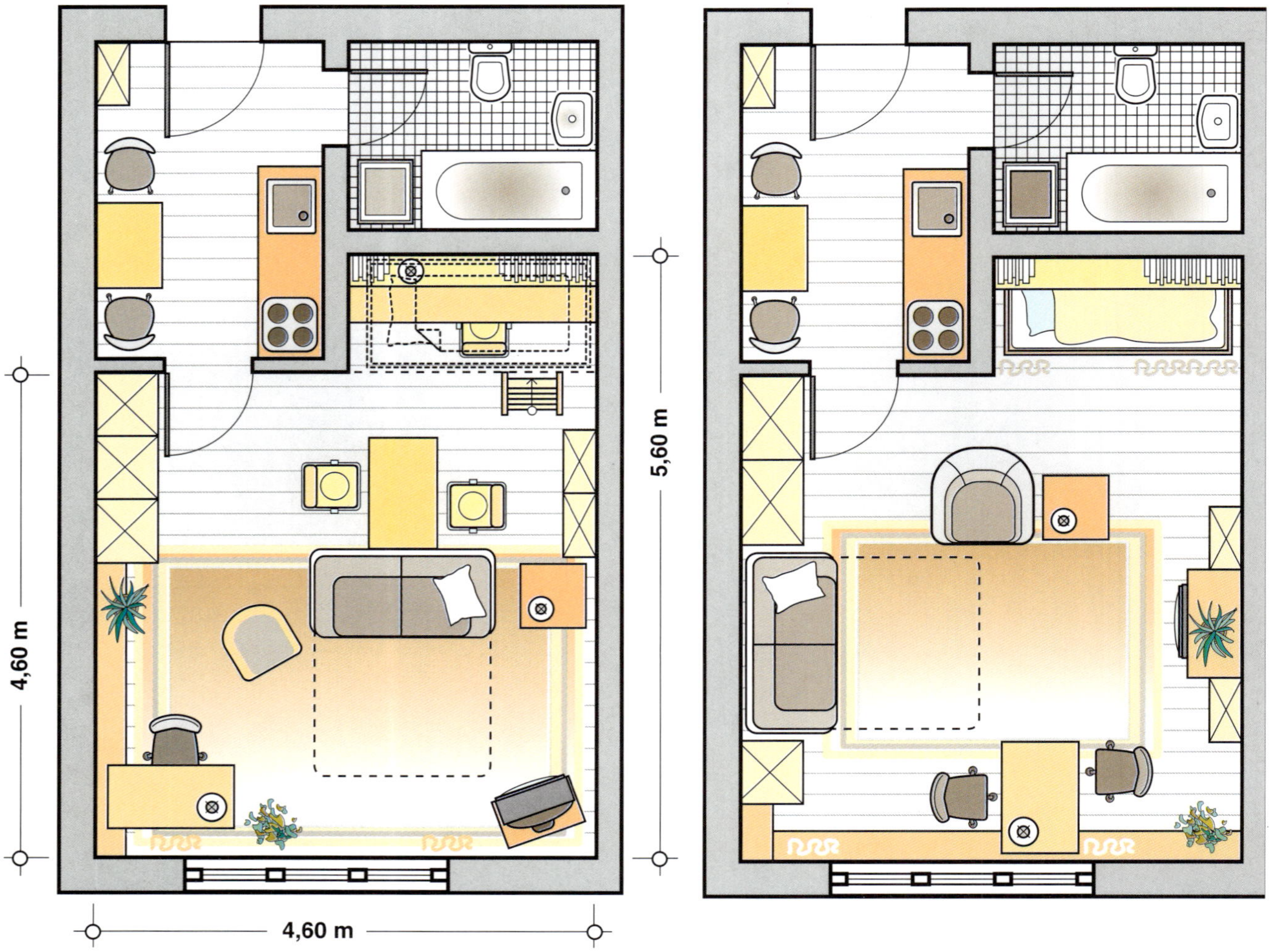


APPARTMENT

# EIN ZIMMER FÜR ZWEI PERSONEN

## Auch unterm Hochbett ist Platz

*Diese Wohnung wurde für „eineinhalb" Personen eingerichtet: für Mutter oder Vater mit einem Kind. Das Kind schläft im Hochbett in der Nische. Darunter ist Platz für Spielzeug oder einen kleinen Schreibtisch. Der Erwachsene schläft auf dem Schlafsofa, das tagsüber das Zentrum des Wohnbereiches ist. Ihm steht ein kleiner Arbeitstisch zur Verfügung, der auf dem niedrigen Bord an der linken Wand aufliegt. Ein Frühstücksplatz befindet sich gegenüber der Küchenzeile, der Eßtisch bietet, wenn er herumgedreht wird, bis zu sechs Personen Platz.*

## Der Wohnbereich im Zentrum

*Diese Anordnung eignet sich gut für einen Single, aber wiederum auch für Mutter oder Vater mit einem Kind. Zum Schlafen stehen ein schmales Bett und ein Schlafsofa zur Verfügung. Allerdings ist hier der Wohnbereich etwas größer und stärker ins Zentrum der Wohnung gerückt. Der kombinierte Eß- und Arbeitstisch liegt auf einem etwa fensterbankhohen Regal auf, das über die ganze Fensterseite geht. Wer auf den Eßtisch verzichten möchte (in der Küche gibt es ja einen kleinen), kann statt Regal und Eßtisch hier einen Schreibtisch über die ganze Breite einbauen. Dann wirkt der Raum noch großzügiger.*

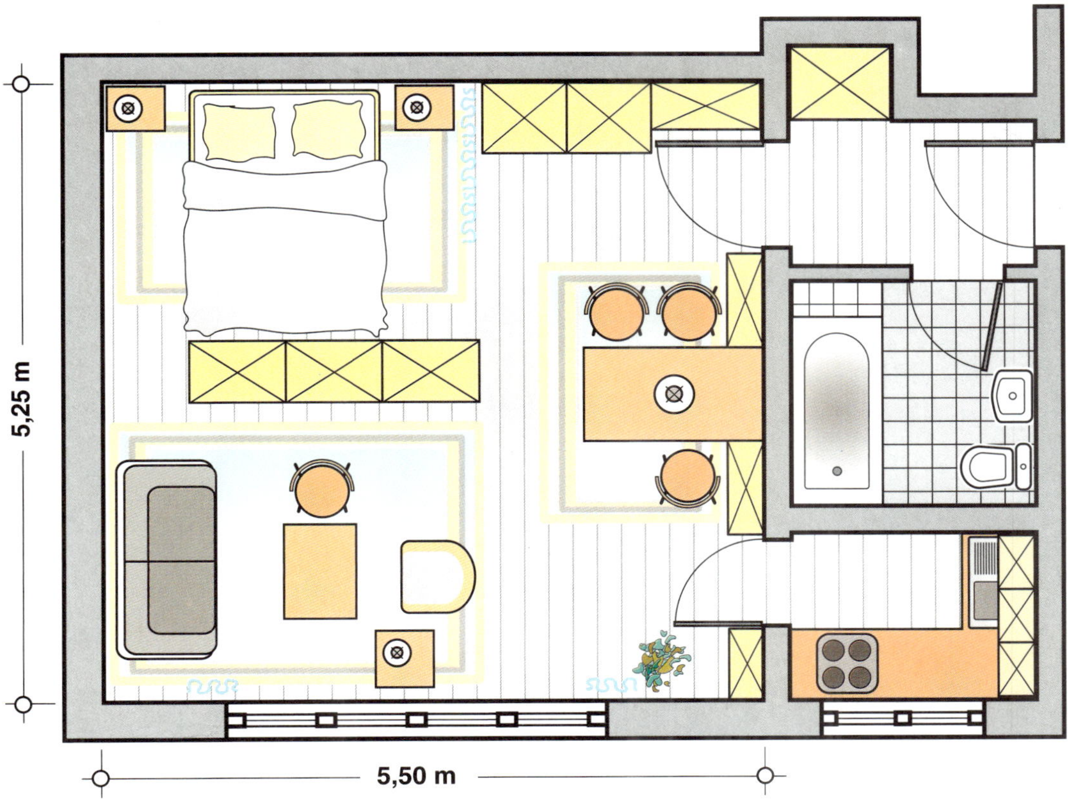


**Schlafen wie in einer gemütlichen Kammer**

*Fast wie in einer Zweizimmerwohnung: Der Schlafbereich ist mit Hilfe eines Vorhangs und einer Schrankzeile am Fuß des Bettes vom Rest des Raumes abgeteilt. Wer den Raum großzügiger wirken lassen möchte, wählt Schränke in einer Höhe von etwa 1,40 m und einen Paravent. Um den Wohnbereich nicht zu beengen, haben die Schränke ohnehin nur Regaltiefe: etwa 45 cm. Der Eßtisch, der zwischen zwei Regalen steht, bietet bis zu fünf Personen Platz.*

**Klare Gliederung in zwei Bereiche**

*Auch diese Wohnung kann von zwei Erwachsenen bewohnt werden: Dank des Regals in der Mitte ist der Raum in zwei Bereiche aufgeteilt, in die man sich zurückziehen kann. Zusätzlich gibt es noch einen großen, zum Teil im Bereich des Tageslichts stehenden Schreibtisch. Geschlafen wird auf einem Schlafsofa, das tagsüber der Mittelpunkt des großzügigen Wohnbereichs mit fünf Sitzplätzen ist. Das Bettzeug wird in einem der beiden 1,50 m breiten Kleiderschränke aufbewahrt, die für zwei Personen ausreichend Stauraum bieten.*

# STAURAUM
# PREISWERTE LÖSUNGEN NACH MASS

Wer kennt das nicht: Es fehlt immer an Platz für Kisten und Kästen. Dabei gibt es bestimmt auch in Ihrer Wohnung noch genug Ecken und Nischen, die nicht genutzt werden.

In einer kleinen Wohnung alle Habseligkeiten zu verstauen, ist meist schwieriger, als ein schönes Sofa oder die passende Tapete zu finden. Diese Fragen können zur Lösung des Problems führen:

- Ist jede Wand, an der schon ein Schrank oder Regal steht, vollständig genutzt? Oberhalb der normalen Höhe von zwei Metern wird viel Platz verschenkt, ebenso links und rechts von Schränken, zumal wenn sie Mitnahmemöbel sind und nicht Teil eines Systems, mit dem eine Wand in ihrer ganzen Breite gestaltet werden kann.
- Gibt es Nischen oder Ecken, für die sich kein fertiges Möbel finden läßt? Häufig reichen ein paar Borde, um den Platz für Bücher, CDs oder Aktenordner nutzbar zu machen. Unter der Dachschräge bieten sich einfache Rollcontainer an.
- Brauchen Sie überall die volle Raumhöhe? Zumindest dort, wo Sie sitzen und liegen, vermutlich nicht. Damit soll nicht die abgehängte Decke, wohl aber das Podest gepriesen werden. Darin kann man viel unterbringen, und der Platz obendrauf wird schnell Ihr Lieblingsplatz sein.

Acht praktische Lösungen, wie Sie mehr Platz zum Verstauen schaffen können, haben wir zusammengetragen. Sie sind allesamt leicht zu realisieren, zumeist mit günstigen Materialien aus dem Baumarkt.

*Die Unterseiten von Treppen eignen sich ganz hervorragend als Stauräume. Hier wurden zwei kirschbaumfarbene Regale der Treppenschräge angepaßt.*

## Oben sitzen, unten verstauen

Wo Schränke, Kommoden oder Regale einen Raum beengen würden, ist ein Podest mit Schubkästen eine gute Alternative. Es bietet nicht nur viel Stauraum, sondern ist auch ein attraktives Element der Gestaltung. Die Schübe, die auf Kastenrollen laufen, sollten allerdings maximal 80 cm breit sein, damit die Deckplatte nicht durchhängt. In der Länge werden sie von der Entfernung zur gegenüberliegenden Wand begrenzt.

## Variable Schrankwand aus Kästen

Ob selbstgebaut oder gekauft: Aus einer Reihe von Kästen mit den Kantenlängen im Verhältnis 1:2 kann man eine attraktive Schrankwand zusammensetzen. Je nach Breite der Wand oder Größe der zu verstauenden Gegenstände stellt man die Kästen zusammen oder rückt sie auseinander – der Platz wird optimal genutzt, das Gesamtbild bleibt klar.

STAURAUM

# PLATZ IST IN DER KLEINSTEN ECKE

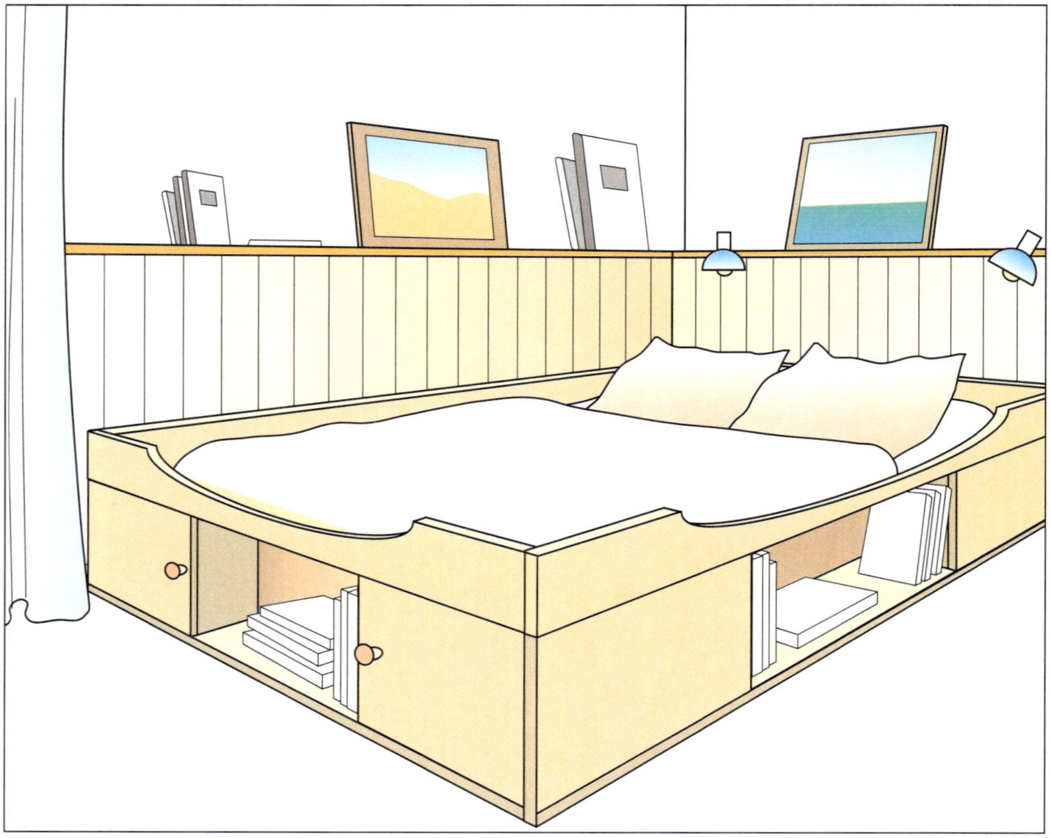

### Platz für Bücher und Aktenordner

▶ Es muß nicht immer ein Hochbett sein. Auch unter einem Bett in Sitzhöhe lassen sich Bücher oder Wäsche unterbringen. Dazu kann man fertige Schrankteile unter eine nach Maß gefertigte Bettkonstruktion setzen. Wichtig: Der Raum unter der Matratze muß hinterlüftet sein, weil es dort sonst spaken würde.

### Regal im Türrahmen

◀ Wo mehrere Räume ineinander übergehen, alle aber eine Tür zum Flur haben, kann man eine dieser Türen von einer Seite schließen und dort ein offenes Regal oder einen Schrank einbauen.

### Ein Fensterrahmen aus Regalen

▶ Weil ein einzelnes Regal zwischen den Fenstern verloren gewirkt hätte, wurde der Oberboden über den Rahmen weitergeführt. Das sieht besser aus, bringt mehr Platz für Bücher, und wer will, kann über den Fenstern Halogenstrahler einlassen.

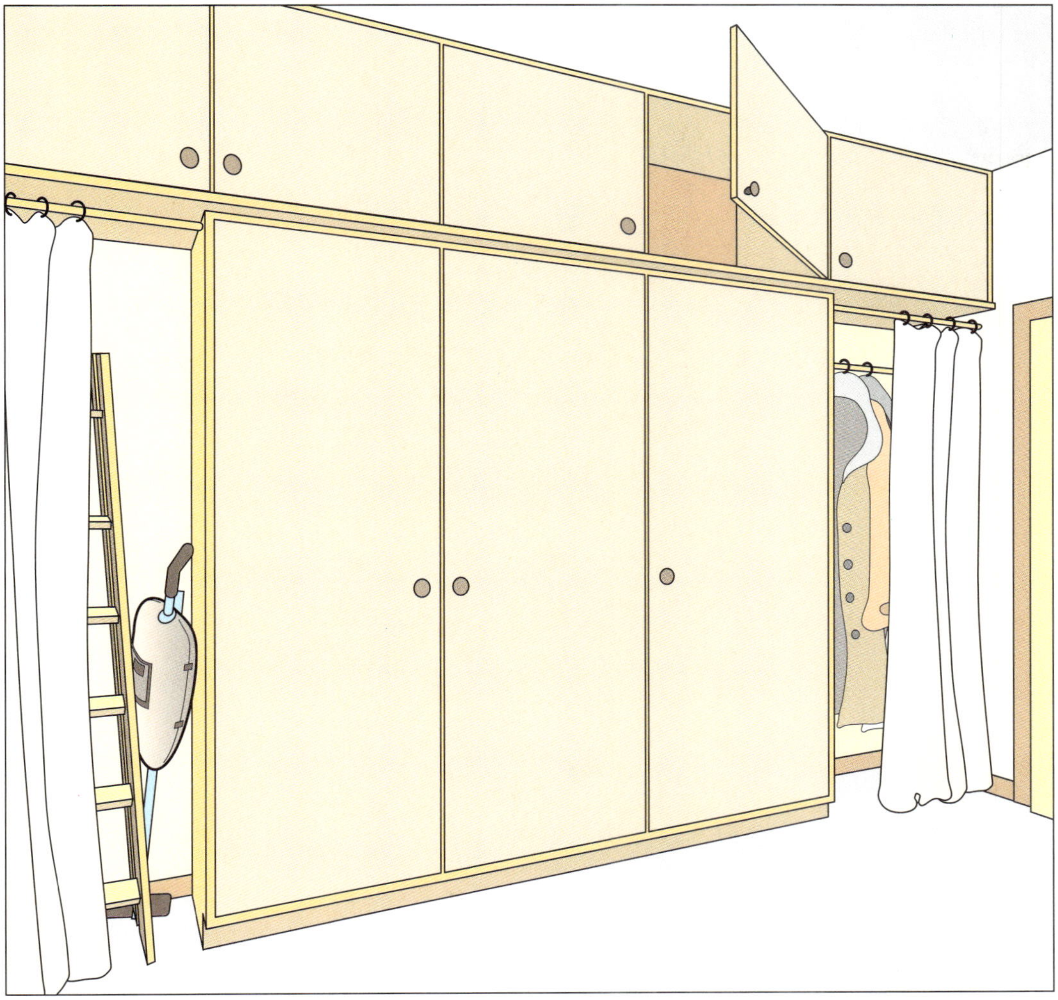

## Ein Mitnahme-möbel wird zum Einbauschrank

◀ So kann man den Platz um einen fertig gekauften Kleiderschrank nutzen, indem man einen Oberboden auf den Schrank schraubt und zwischen diesem und der Decke Seitenwände mit kleinen Türen montiert. Die geräumigen Nischen links und rechts vom Schrank verdeckt man mit Vorhängen.

## Auch hinter der Tür ist noch Platz

◀ Viele Zimmertüren sind so angeordnet wir hier, dahinter fehlt die nötige Schranktiefe von 60 cm. Mit einem Regal von 25 oder 30 cm Tiefe ist der Platz trotzdem nutzbar.

## Rollcontainer unter der Schräge

▶ In vielen Dachzimmern ist Maßarbeit gefragt. Diese Container lassen sich ganz einfach aus im Baumarkt zugeschnittenen Platten bauen. Nur die Rückwand müssen Sie vor Ort anpassen.

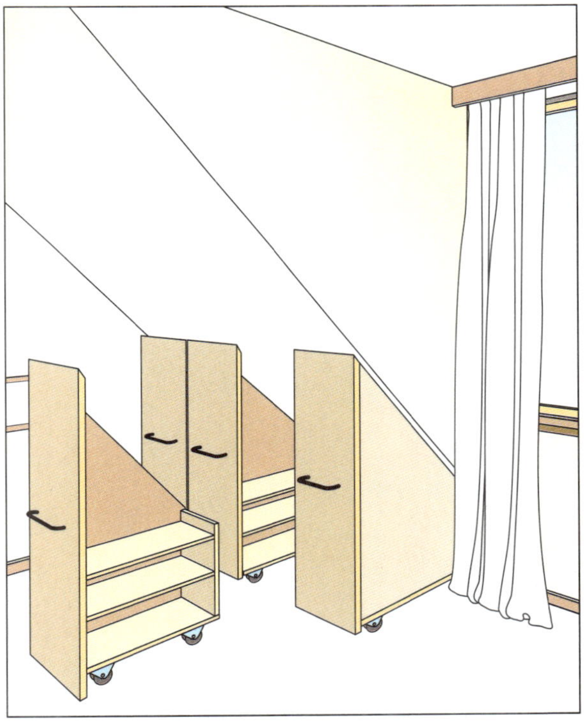

# FENSTER-DEKORATIONEN
## HINGUCKEN ERWÜNSCHT

Bei der Einrichtung einer Wohnung wird leicht übersehen, wie sehr die Gestaltung der Fenster die Wirkung von Räumen beeinflussen kann. Mit etwas Phantasie können Sie sogar schmucklose oder schwierige Fenster dekorieren.

*Direkt vor dem Fenster schirmt eine Jalousie je nach Bedarf Sonne und Einblicke ab. Ein Regal, in dem Bücher untergebracht sind, rahmt das Fenster ein.*

Fensterkleider tragen maßgeblich zur Atmosphäre eines Wohnraumes bei – unabhängig davon, ob sie als Lichtschutz, Sichtschutz oder reine Dekoration gedacht sind. Bei der Gestaltung sollten Sie auf jeden Fall folgende Regeln beachten:

- Kleine Fenster in kleinen Räumen sollte man mit hellen, kleingemusterten oder einfarbigen Stoffen möglichst einfach und schlicht dekorieren.
- Eine großzügigere Wirkung erzielt man, wenn der Bereich um das Fenster mit in die Dekoration einbezogen wird. So kann man auch ungünstige Proportionen kaschieren: Ein hoch angesetzter Vorhang läßt das ganze Fenster höher wirken.
- Breite Fenster sollte man nicht zu üppig gestalten, weil sie sonst leicht überladen wirken.
- Sonnige Räume kann man „abkühlen", indem man Vorhänge in Farben wie Blau oder Grün wählt. Zimmer in Nordrichtung wirken mit roten oder orangefarbenen Vorhängen wesentlich wärmer.

**Schiebewände im Japan-Look**

*Schiebewände geben Räumen eine fernöstliche Anmutung, sie können aber nur da angebracht werden, wo neben dem Fenster genug Platz ist, um sie zu „parken". Schiebewände bestehen aus Leistenrahmen, sie werden mit Papiervlies oder Stoff bespannt (getackert oder mit Klettband befestigt) und laufen auf Gardinenschienen. Damit die Heizungsluft zirkulieren kann, sollte das untere Drittel nur aus Leisten bestehen.*

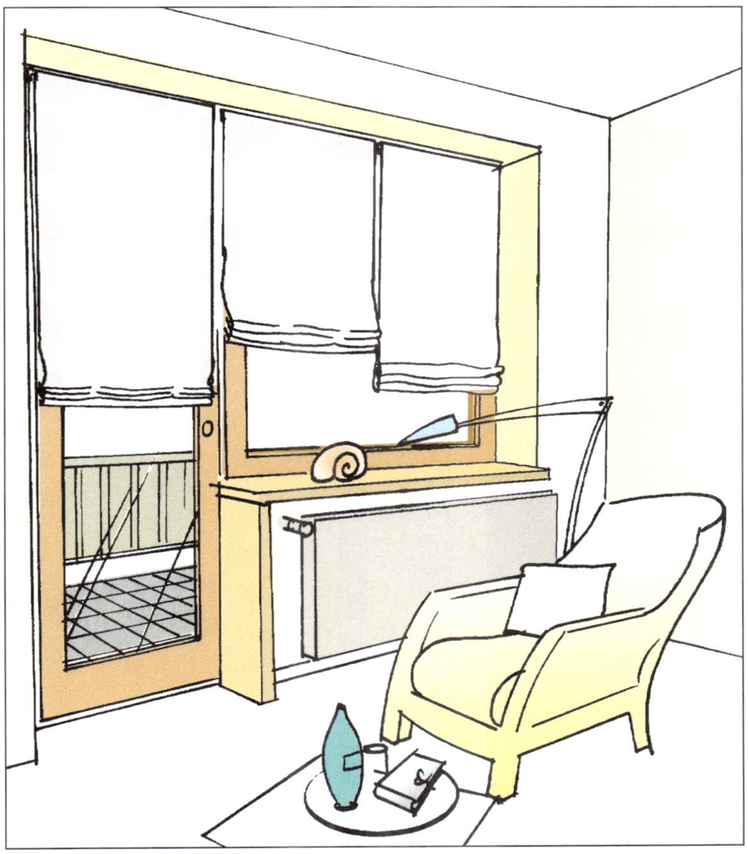

**Praktisch und preiswert**

*Mit Raffrollos kann man Fenster preiswert dekorieren. In unserem Beispiel sind die Rollos dabei nicht vor die Fensteröffnung, sondern direkt auf den Fensterrahmen montiert. Das wirkt ein wenig nüchterner, hat aber zwei Vorteile: Zum einen wird die Zirkulation der Heizungsluft nicht behindert, zum anderen kann die Balkontür auch geöffnet werden, wenn das Rollo heruntergelassen ist. Praktisch ist das vor allem im Sommer, wenn man sich Sonnenschutz wünscht, aber nicht den Zutritt zum Balkon behindern möchte.*

# LÖSUNGEN FÜR DIE DACHSCHRÄGE

### Zum Hochknöpfen und -ziehen

◀ Eine Kombination aus Raffrollo und vier Stoffdreiecken bietet diesem Dachzimmer mit dem verglasten Giebel Sonnenschutz. Die vier Stoffbahnen sind mit Klettbändern an den Rahmen der festverglasten Fenster befestigt, sie werden mit Druckknöpfen offengehalten. Das Raffrollo ist am Rahmen des zu öffnenden Fensters montiert. Wer nur die Schals, nicht aber das Rollo nähen möchte, kann von einigen Herstellern bereits fertig genähte Rollos und dazu den passenden Stoff für Schals beziehen.

### Gemütlich dank der Vorhänge

▼ Kleine Dachflächenfenster wirken wesentlich großzügiger, wenn für die Dekoration auch die Wandflächen neben dem Fenster genutzt werden können. Zugleich wird der Raum dank der Vorhänge gemütlicher. Damit sie flach an der Wand anliegen, werden die Vorhänge an der Stelle, an der die Dachschräge endet, von einer Stange gehalten.

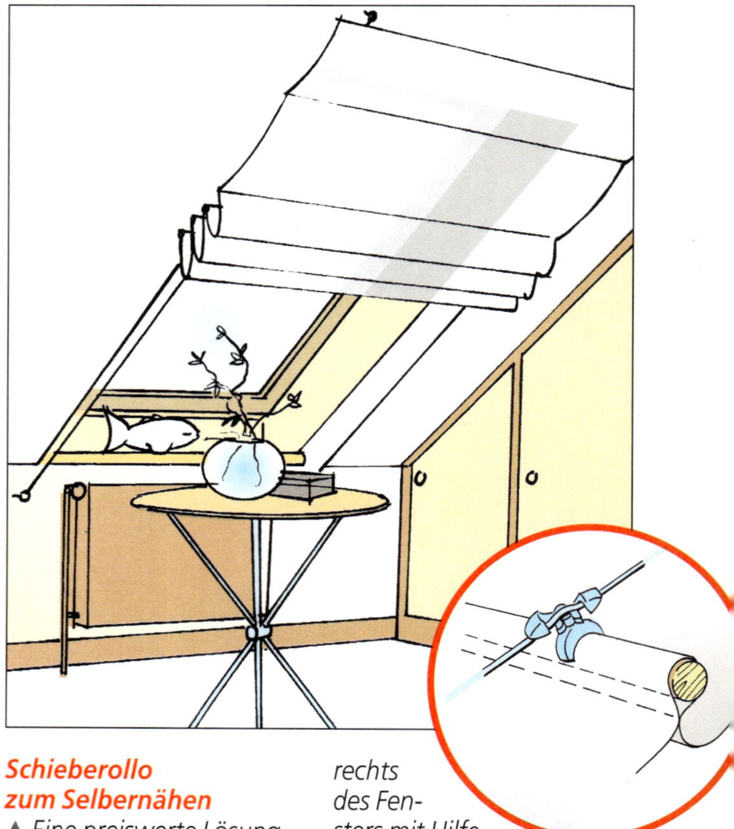

### Schieberollo zum Selbernähen

▲ Eine preiswerte Lösung fürs Dachflächenfenster ist ein Schieberollo. Wer geschickt genug ist, kann das Beispiel, das wir zeigen, selbst nähen. Dazu werden in den Stoff in regelmäßigen Abständen Tunnel genäht, in die man zehn Millimeter starke Rundstäbe schiebt. Jetzt werden zwei Spannseile links und rechts des Fensters mit Hilfe von Ösen verspannt, und schließlich klemmt man kleine Klammern, die auf den Seilen laufen, von hinten auf die Rundstäbe. Um das Rollo zu öffnen oder zu schließen, werden die Stäbe einfach mit der Hand verschoben. Kosten für das Spannsystem: ca. 40 Mark.

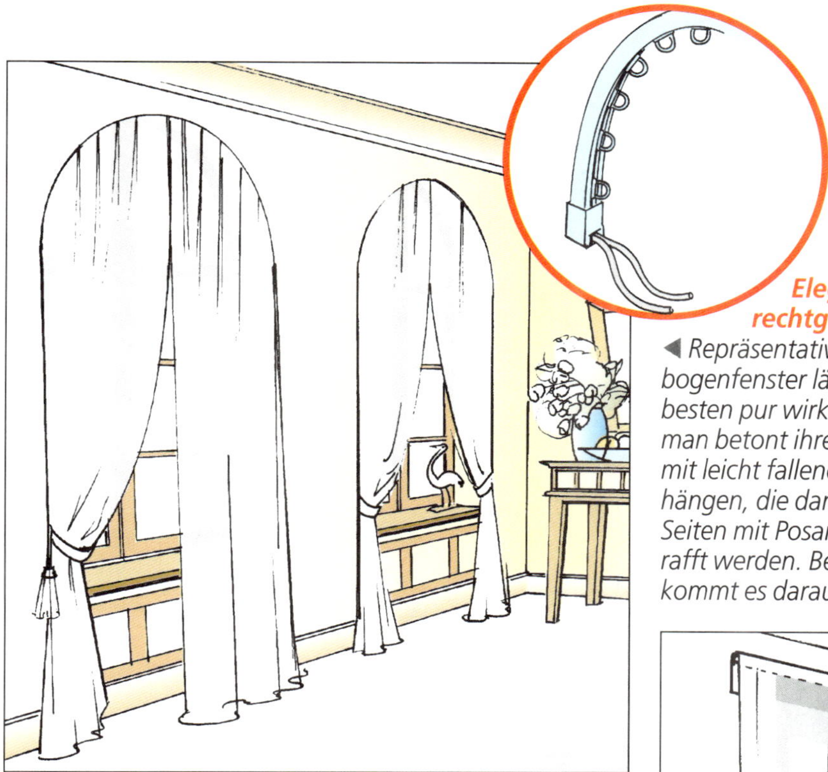

### Elegant zurechtgebogen

◀ Repräsentative Rundbogenfenster läßt man am besten pur wirken – oder man betont ihre Eleganz mit leicht fallenden Vorhängen, die dann an den Seiten mit Posamenten gerafft werden. Beim Nähen kommt es darauf an, den Stoff exakt dem Bogen anzupassen. Praktischer als eine Befestigung mit Klettbändern ist eine Spezialschiene mit Schnurzugvorrichtung, die man im Fachhandel entsprechend der Fensterform biegen lassen kann. Sie ist für ein- oder mehrteilige Vorhänge erhältlich und ermöglicht es, den Vorhang schnell abzunehmen und wieder aufzuhängen, ohne ihn jedes Mal nach dem Waschen wieder akkurat mit Klettbändern befestigen zu müssen.

### Kuschelecke in der Gaube

▼ Mit Vorhängen wie diesen wird aus einer Gaube abends ein schönes, kuscheliges Plätzchen zum Lesen oder Arbeiten. Diese Lösung bietet sich vor allem dann an, wenn das Fenster die ganze Breite der Gaube einnimmt, wie das sehr häufig der Fall ist. Wichtig ist dann allerdings auch, daß die Gardinenschiene in den Ecken sorgfältig von einem Experten gebogen wird, so daß die Vorhangreiter sich dort nicht verhaken und die Vorhänge auch wirklich herumgezogen werden können.

### Eine Tür vor der Tür

▲ Luftig und leicht wirkt diese Variante, die sich ganz einfach realisieren läßt. Man braucht dazu lediglich zwei Bahnen Stoff in einfacher Breite der zu überspannenden Fläche, eine Metallstange, die vom Schlosser in Form gebogen wurde, und einen Lappen eines sogenannten Theaterscharniers, mit dem sonst vor allem Teile von Kulissen ineinandergesteckt werden. Der Scharnierlappen wird auf den Fensterrahmen geschraubt, die Stange hineingesteckt und die Stoffbahn – oben mit einem Tunnelsaum versehen – aufgeschoben.

# BELEUCHTUNG
# RICHTIGES LICHT FÜR JEDEN ZWECK

Ob eine Wohnung schön aussieht oder nicht, wird vor allem durch ihre Einrichtung bestimmt. Richtig wohl fühlt man sich in seinen vier Wänden allerdings erst, wenn auch die Beleuchtung stimmt.

Beim Kauf neuer Leuchten ist ein Fehler leider besonders weit verbreitet: Man entscheidet sich für eine, die vom Stil besonders gut zur Einrichtung paßt (und es gibt ja wirklich schöne Leuchten!), und achtet zu wenig darauf, ob sie denn auch das Licht wirft, das sie eigentlich werfen sollte. Um diesen Fehler zu vermeiden, muß man sich zunächst bewußt machen, was denn mit dem Licht zu Hause nicht stimmt und was dringend verbessert werden sollte.

- Muß der ganze Raum erleuchtet werden, damit es hell genug zum Lesen ist?
- Ist es ungemütlich hell im Wohn- oder Eßzimmer, wenn man Gäste bewirtet?
- Hat man im Bad Schwierigkeiten, sich zu rasieren oder zu schminken, weil es am Spiegel zu dunkel ist?
- Muß man, um sich die Kleidung auszusuchen, das Schlafzimmer hell erleuchten, obwohl der Partner vielleicht gern noch etwas schlafen würde?

Fragen wie diese erleichtern die Suche nach der richtigen Leuchte. Vor allem, wenn man nicht einfach ins Kaufhaus oder in den Baumarkt geht, sondern sich im Fachhandel von Lichtplanern beraten lassen möchte. Diese Experten können anhand eines Grundrisses Rat-

*Beschränkung auf das Wesentliche lautet hier das Prinzip, mit einer kleinen Ausnahme: Der Lüster kommt in dieser Umgebung nur um so besser zur Geltung. Praktisch: die Stehleuchte mit integriertem Glasteller als Ablage.*

schläge geben, welche Art von Leuchten das beschriebene Problem löst, und eine Auswahl zeigen, aus der der Kunde ganz nach Geschmack und Geldbeutel wählen kann.
Wichtig ist, daß sich die Beleuchtung der Situation und der Stimmung anpassen läßt. Ein gutes Hilfsmittel dabei: der Dimmer. Zumindest in den Wohnräumen ist er eigentlich unverzichtbar.

**Strahler setzen Akzente**
*Das gebündelte Licht von Strahlern eignet sich gut, wo Bilder oder Möbel hervorgehoben werden sollen oder wo man helles Licht zum Lesen oder Arbeiten braucht.*

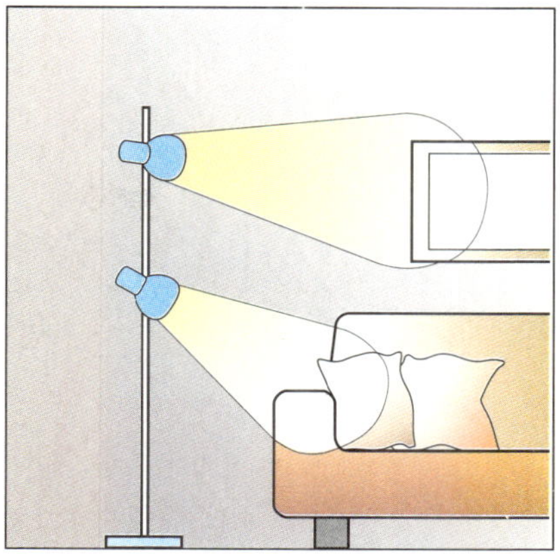

**Gemütliche Lichtinseln**
*Das gerichtete Licht von Schirmleuchten wirkt stimmungsvoll, ist aber auch gutes Leselicht. Mehrere solcher Leuchten schaffen eine gemütliche Atmosphäre.*

**Variable Deckenfluter**
*Mit einem Dimmer heruntergeregelt, werfen Deckenfluter ein gemütliches Hintergrundlicht, bei voller Leistung sorgen sie für gleichmäßige Helligkeit im Raum.*

**Hell mit Diffusor**
*Eine Glaskuppel wie diese – ein Diffusor – sorgt bei entsprechender Leistung der Glühlampe für gleichmäßig helles Licht, das allerdings nicht gemütlich wirkt.*

# VARIABLE LÖSUNGEN SIND DIE BESTEN

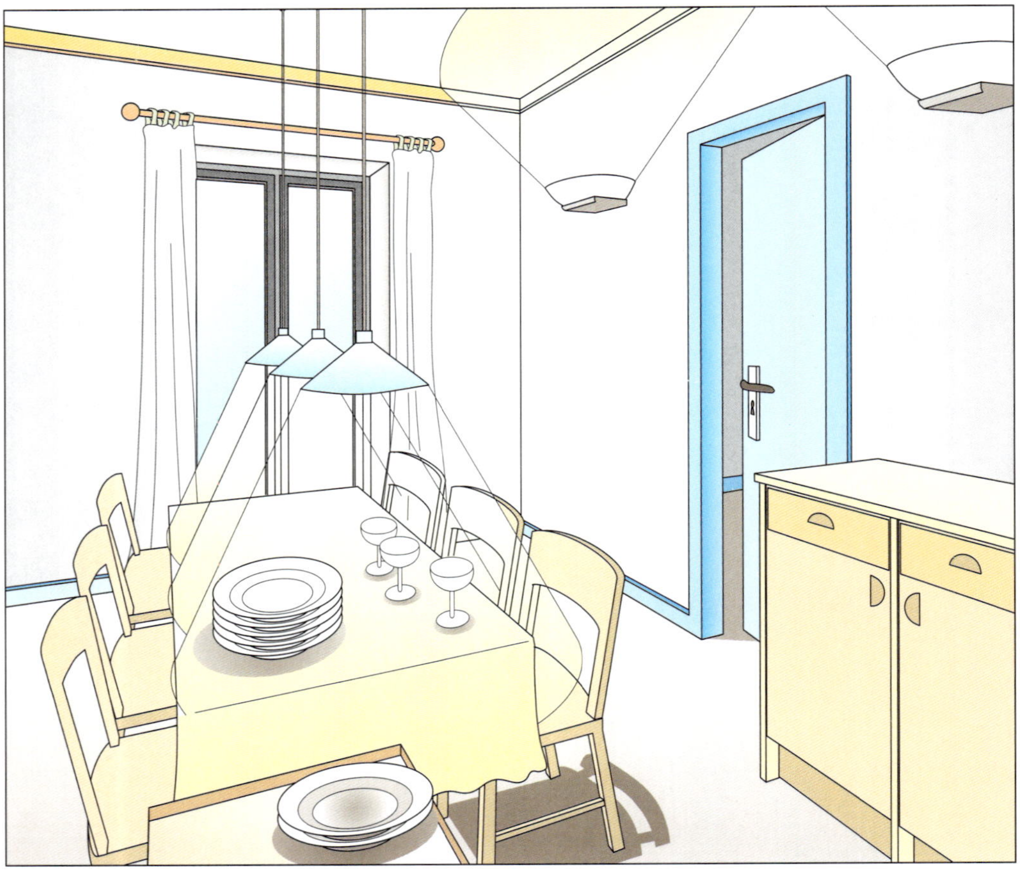

## Hell zum Essen, gedämpft zum Plaudern

*Der Eßtisch sollte hell beleuchtet werden, ohne daß das Licht blendet. Das geht am besten mit Pendelleuchten, die sich verstellen lassen. Wichtig ist ein Dimmer, damit man nach dem Essen bei gedämpfterem Licht weiterplaudern kann. Die Wandleuchten können für eine helle Allgemeinbeleuchtung oder für gemütliches Licht im Hintergrund sorgen.*

## Gleichmäßiges Licht im Bad

*Damit die Rasur nicht lückenhaft, das Makeup nicht fleckig ausfällt, kommt es am Badezimmerspiegel auf ein weiches Licht und eine gleichmäßige Verteilung der Helligkeit an. Beides ist am besten mit Linestra-Röhren oder Leuchtstofflampen zu erreichen, von denen in der Zeichnung drei abgebildet sind. Ein vergleichbares Licht werfen die Theaterleuchten mit ihrer Reihe von Glühbirnen rund um den Spiegel. Strahler haben dagegen den Nachteil, daß unter der Nase eine Schattenzone entsteht.*

### Praktisch und gemütlich

*Auch im Schlafzimmer gilt die Devise: Je vielfältiger die Beleuchtung, desto besser. In diesem Beispiel haben wir in einen Oberboden des Schrankes Halogenstrahler eingelassen. Die schaffen nicht nur eine wohnliche Atmosphäre, sie beleuchten auch die Garderobe optimal. Die beiden Leuchten auf dem Schreibtisch erfüllen zwei Funktionen: Sie sind Arbeitsleuchte und Leseleuchte fürs Bett zugleich. Zusätzlich sorgt die Schirmleuchte für ein gemütliches Hintergrundlicht.*

### Sieben Leuchten für jede Stimmung

*Mit einer Ausstattung wie dieser ist jede Lichtinszenierung möglich, man kann je nach Stimmung das richtige Licht schaffen – ob es nun taghell sein soll oder ob eine gemütliche Atmosphäre gefragt ist, bei der Lichtinseln sich im Raum verteilen. Für allgemeine Helligkeit sorgt der Deckenfluter. Gemütliches Licht, das zugleich als Lesebeleuchtung dient, werfen die Stehleuchte neben dem Sessel und die Schirmleuchte auf dem Beistelltisch. Gemütliche Akzente setzen die Bilderleuchte und die Beleuchtung in den drei Vitrinen.*

Mit Farben umzugehen, so möchte man meinen, ist die einfachste Sache der Welt: Man umgibt sich eben mit den Farben, die einem gefallen. Das ist reine Gefühlssache.

In der Tat: **Farben lösen Gefühle und Empfindungen aus.** Sie stimmen heiter oder melancholisch. Sie regen an oder sie beruhigen uns.

Wie kommt es dann, daß viele Menschen die spontane Entscheidung für eine Wohnfarbe so schnell bereuen? Warum nervt das rote Sofa schon so bald und wirkt der braune Teppich so trist?

Wohl deshalb, weil bei der Wahl der Farbe nur diese eine in Betracht gezogen wird, obwohl sie erst im Zusammenspiel mit den anderen Farbtönen eines Raumes ihre eigentliche Wirkung entfaltet.

Kein Wunder, daß der Umgang mit Wohnfarben dann doch für viele zu einer schwierigen Sache wird.

Wer sich allerdings ein wenig Grundwissen auf diesem Gebiet aneignet, der erkennt: Im Reich der

**Der Farbstern: Kontraste und Nuancen**

***Der Farbstern** zeigt die drei „reinen" Grundfarben Blau, Gelb und Rot sowie die daraus entstehenden Mischfarben Violett (Rot gemischt mit Blau), Grün und Orange. Aus der beliebigen Mischung dieser Farben und aller weiterer Zwischentöne entsteht eine unendliche Skala von Farben. Diese Farbpalette wird noch differenzierter, wenn der einzelne Ton durch Weiß aufgehellt oder durch Schwarz getrübt wird.*

***Den Verlauf der Hell-Dunkel-Nuancen** eines Farbtons nennt man die Ton-in-Ton-Abstufung: hier (im Beispiel Orange) von hellem Apricot bis Schwarzbraun. Neben der Farbkombination Ton-in-Ton sind das Zusammenspiel der Nachbarfarben (z.B. Gelb und Orange) sowie der Kontrast der Komplementärfarben (z.B. Grün und Rot) die wichtigsten Farbpartnerschaften auch für den Wohnbereich.*

Farben herrscht eine Ordnung, die beim Einrichten hilfreich sein kann. Wer die Grundfarben kennt, wer weiß, wie sich unsere Alltagsfarben aus diesen Elementartönen zusammensetzen und wie jede Farbe durch Aufhellung und Abdunkelung ihr „Gewicht" verändert, dem fällt es viel leichter, Farben auszuwählen und zu kombinieren.

**Wer ein wenig Bescheid weiß über die Wirkung der Farben auf unser Wohlbefinden, der kann sich beim Einrichten manche Enttäuschung ersparen.** Es ist gut zu wissen, daß es warme Farben gibt (Rot, Orange) und ausgesprochen kühle Töne (Blau, Türkis). Farben können beruhigen, aber auch anregen oder sogar aufregen. Und schließlich hat jede Farbe einen Stellenwert nach der Menge, in der sie eingesetzt wird. Kräftige Töne auf großen Flächen können auch robuste Naturen „erschlagen". Helle Farben und Pastelltöne hingegen kommen dort erst richtig zur Geltung.

**Die Farbrezepte auf den folgenden Seiten sind für zwei unterschiedliche Wohn-Mentalitäten ausgesucht worden.** Sie bieten Anregungen für alle, die eher zurückhaltend mit Farben umgehen, die beim Kombinieren die kleinen Schritte und sanften Übergänge vorziehen. Und sie bringen Beispiele für diejenigen, die kräftige, klare Farben und deutliche Kontraste lieben.

# WOHNEN MIT FARBEN

## REINE GEFÜHLSSACHE?

# TON IN TON

## HARMONIE IM FARBKLANG DER NATUR

Die meisten Menschen lieben zu Hause ruhige Farben. Sie wollen sich hier von der Reizüberflutung der Außenwelt entspannen. Vor allem Naturtöne vermitteln Ruhe und Harmonie, und beim Kombinieren kann man so leicht nichts falsch machen. Doch dieses Patentrezept hat eine Kehrseite: Ton in Ton kann auch zu Eintönigkeit geraten. Dagegen helfen farbig-frische Dekorakzente wie Bilder, Blumen oder Accessoires, die immer mal wechseln können.

*Ton in Ton: Naturstimmung mit einem Schuß Eleganz. Marmorfliesen, mit Pinienholzstreifen eingefaßt, wollweiße Möbelstoffe und Gardinen, beigefarbene Karo-Vorhänge, Möbel in Naturholz und Korbgeflecht. Die Blumen wirken als belebende Farbtupfer.*

TON IN TON

# EINE FARBE VIELFACH ABGESTUFT

**Oben:** *Pastelltöne sind ideale Wohnfarben, mit denen sich freundliche Stimmungen zaubern lassen. Hier dominieren sanfte Rottöne: Apricot und Rosé, Ton in Ton abgestimmt, besonders attraktiv als Wandfarbe. Partnerfarbe ist Lindgrün – in den Mustern der Möbel- und Vorhangstoffe. Dazu kommen Akzente in Türkis, das kräftige Blattgrün der Pflanzen und mittendrin ein frecher gelber Farbklecks.*

**Rechts:** *Blau, in reizvollen Varianten mit Naturtönen und viel Weiß kombiniert, schafft maritime Ferienstimmung. In dieser Dosierung wirken Wasser- und Himmelblau – umgeben von weißlasierter Wandvertäfelung, weißen Bodenfliesen, Sisalteppich und Korbgestühl – erfrischend kühl, doch keineswegs kalt.*

TON IN TON

# EIN RAUM GANZ IN WEISS GETAUCHT

*Wer seine helle Freude an lichten Farben hat und keine Rücksicht auf kleine Kinder zu nehmen braucht, der kann sich getrost für eine weiße Einrichtung entscheiden. Die muß beileibe nicht eintönig erscheinen. Schon die Weißtöne sind variantenreich: Reinweiß, Naturweiß, Cremeweiß... Bei der Wahl der Farbakzente hat man dann freie Hand und kann beliebig oft wechseln. So bringt man Wärme in die Szenerie – mit Hilfe von farbigen Kissen, Bildern und Blumen. Selbst Pink ist in diesem Raum keine Farbe, die aus dem Rahmen fällt. Es ist auch kein Versehen, daß ein Lampenschirm sonnengelb leuchtet. Das beste Rezept heißt auch hier: nur kein starres Schema!*

DUMONT
OETLINGER PHOTOGRAPHIERT BEUYS
MURANO

TON IN TON

# WENN ALLES AUF EDLES HOLZ ABGESTIMMT IST

***Links:*** *Möbel aus schönem Holz haben ihren eigenen Charakter und Charme. Um sie richtig zur Geltung zu bringen, sollte man mit kräftigen Farben zurückhaltend sein. Die braun-orange getönten Wände, die dezent gemusterten Vorhänge, der graubeige Teppich auf blondem Dielenholz – das alles ist ein passender Rahmen für die Möbel aus Kirschbaumholz. Da sind sparsam gesetzte Akzente in Rot und Grün genau richtig.*

***Oben:*** *Helles Möbelholz – Esche, Ahorn, Buche – wirkt gar nicht blaß, wenn man eine Prise Blau dazugibt. Die bringt die Möbel zum Leuchten und belebt den ganzen Raum, der mit naturfarbenem Kokosboden und weißen Leinenvorhängen den Möbeln nicht die Schau stiehlt.*

# MUT ZUR FARBE

## KRÄFTIGE TÖNE STIMULIEREN GEIST UND SEELE

Es ist eine Frage des Temperaments, ob man mit kräftigen Farben leben kann. Extrovertierte Menschen bekennen sich zu glühendem Rot, doch auch Phlegmatiker können von lebhaften Farben profitieren. In jedem Falle kommt es auf die Dosierung an. Man kann Farben bunt mischen oder einen Ton dominieren lassen. Man kann die dominante Farbe voll ausspielen, ihr Nachbartöne beigeben oder eine Kontrastfarbe dagegensetzen.

*Auf den ersten Blick wirkt alles kunterbunt. Dann jedoch wird deutlich, daß Blau die Leitfarbe ist, die mit Rot und Gelb ein fröhliches Wechselspiel treibt – und das auf einem alles verbindenden naturfarbenen Hinter- und Untergrund.*

Ottagono
Ottagono
Ottagono
Ottagono
Ottagono

MUT ZUR FARBE

# KLARE ENTSCHEIDUNG: KEINE SPUR VON EINTÖNIGKEIT

**Links:** *Wer die kühle Frische von Türkis liebt, muß sich keine Zurückhaltung auferlegen. Diese Farbe ist leicht und wirkt auch auf größeren Flächen nicht aufdringlich. Der türkis gestrichene Holzfußboden ist eine ideale „Grundlage" für die gleichfarbigen Polstermöbel. In Räumen, die nach Süden liegen, schafft Türkis eine fast mediterrane Atmosphäre. Ein wenig Naturholzwärme allerdings tut dieser Einrichtung gut.*

**Oben:** *Kräftiges Blau, das klar dominiert, und helles Beige klingen zusammen wie Meer und Strand. Auf der Basis sanfter Sandtöne wirken die blauen Flächen wie frische Brisen. Komplementär- und Kontrastfarbe ist ein leuchtendes Gelb.*

MUT ZUR FARBE

# NAH VERWANDT, TOTAL KONTRÄR

***Oben:*** *Rot, Orange und Gelb sind Nachbarn im Farbkreis. Wo immer eine warme, anregende, aktivierende Wohnatmosphäre gewünscht wird, ist diese Kombination goldrichtig. Eine gute Lösung auch für einen Raum an der Nordseite des Hauses.*

***Rechts:*** *Eine heftige Liaison zwischen Rot und Gelb. Aber es spielt ein dritter Partner mit, der im Farbkreis konträr zu Rot steht: Grün. Doch Gegensätze ziehen sich an. Wer es gern lebhaft bunt treibt, der findet auch in diesem Dreiklang Harmonie.*

MUT ZUR FARBE

# UNBEGRENZTE MÖGLICHKEITEN: VIER BEISPIELE

*Manchmal ist es ein bestimmtes Möbel, nach dem sich die Farbgestaltung eines Raumes richtet: eine Polstergruppe oder eine Schrankwand. Bei Kombinationsmöbeln lassen sich auch die Farben von Korpus und Türen frei gestalten.*
***Oben links:*** *Ein weißer Korpus, schwarze Schubladenfronten und mit türkisfarbener Geflechttapete bespannte Türen bilden einen Dreiklang, der sich im Teppich wiederholt.*
***Unten links:*** *Die gleiche Schrankkombination mit schwarzem Korpus und kupferfarbenen Fronten wirkt eine Spur eleganter. Vorhang, Boden und Leuchten sind darauf abgestimmt.*
***Oben rechts:*** *Zur Schrankwand in Alu-Metallic-Lack passen ein grau-schwarz gemusterter Teppichboden und Möbel aus Aluminium sowie Wand und Decke in Blaugrün.*
***Unten rechts:*** *Die sonnengelbe Schrankwand mit weißem Korpus und schwarzer Deckplatte gibt den Tenor an, dem Möbel, Teppich und Vorhang folgen. Dazwischen vermitteln der schwarzgraue Fliesenboden und die graugesprenkelte Wand.*

Es gibt so viele Wohnfarben, so viele Möbelformen und Materialien – Hunderte von Möglichkeiten. Da ist es gut zu wissen, was zu einem paßt: ob Möbel in hellem Holz oder in dunklem Lack, ob man sich in einer Dachwohnung wohler fühlt oder in weiten Räumen mit großen Fenstern.

Denn Wohnen ist nicht nur Geschmackssache. **Richtig zu wohnen, heißt auch, zufrieden und ausgeglichen zu leben, ohne Unrast, Unlust und Streß.**

Die passende Wohnumgebung zu wählen fällt leichter, wenn man sein persönliches „Wohnprofil" kennt, wenn man weiß, ob das eigene Zuhause eher als Nest, als Burg oder als Refugium empfunden wird.

Diese Wohntypologie verdanken wir dem Wissenschaftler Rolf W. Schirm und seiner „Biostruktur-Analyse". Sie basiert auf den Forschungen des Amerikaners Paul MacLean und seiner Lehre vom menschlichen „drei-einigen" Gehirn.

Die drei Bereiche Stammhirn, Zwischenhirn und Großhirn haben jeweils ihren eigenen Aufbau und ihre besonderen Funktionen, die sich in der Entwicklung aller Lebewesen in vielen Millionen Jahren herausgebildet haben. In ihrem Mit- und Gegeneinander

***Das Stammhirn**, der älteste Teil, der sich in der Entwicklungsgeschichte schon vor Millionen von Jahren herausbildete, steuert den instinktiven Bereich unserer Wahrnehmung und **bestimmt im wesentlichen das Verhalten des Nest-Typs:** Selbsterhaltung, Harmoniestreben, Rückgriff auf Erfahrung und Tradition. Scheu vor radikalen Veränderungen jeder Art.*

***Das Zwischenhirn** entwickelte sich schon bei den frühen Wirbeltieren. Es **ist zuständig für die Verhaltensstruktur des Burg-Typs:** Im Vordergrund stehen Verteidigung des eigenen Reviers, Rivalitätsdenken und Statusbedürfnis. Das Zwischenhirn ist ganz auf die Gegenwart hin orientiert, macht fähig zur Improvisation und fördert die Bereitschaft, Neues auszuprobieren.*

***Das Großhirn**, erst beim Homo sapiens zur Vollendung entwickelt, **steuert den Refugium-Typ**. Es stattet den Menschen mit Selbstbewußtsein aus, beschert ihm den Drang zur Selbstverwirklichung und die Fähigkeit zu planendem Handeln. Dieser rational bestimmte Hirnbereich begünstigt das Streben nach Individualität und Distanzierung, verstärkt den Sinn für Ordnung.*

***Das „drei-einige" Gehirn steuert unser Wohnverhalten***

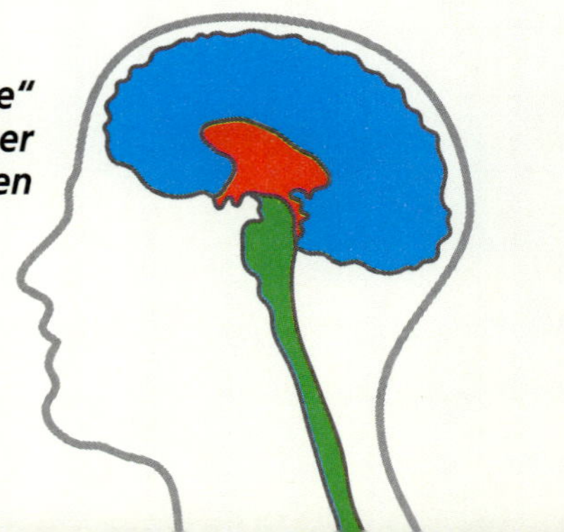

bestimmen diese Hirnbereiche das menschliche Verhalten – und auch unsere Einstellung zum Wohnen.
Das Stammhirn ist bestimmend für die Grundstruktur des Nest-Typs.
Das Zwischenhirn ist ausschlaggebend für die Grundeinstellung und das Wohnverhalten des Burg-Typs.
Das Großhirn spielt die entscheidende Rolle beim Refugium-Typ.
In jedem Menschen sind alle drei Hirnkomponenten angelegt. Wichtig für die Bestimmung des Typs ist, welche davon jeweils dominiert. Ist die Dominanz stark, so ergibt sich für jeden Typ ein klares „Wohnprofil", wie es die drei Beispiele auf den folgenden Seiten belegen.
Ist die Dominanz geringer, treten z. B. beim Nest-Typ Merkmale des Burg-Typs dazu, so variieren diese das Profil: So kann die Neststruktur beim Einrichten stärkere Kontraste und mehr Buntheit vertragen.
**Kennt man seinen eigenen Typ, so erkennt man auch, was zu einem paßt und – vielleicht noch wichtiger – was nicht paßt.** Daraus lassen sich Ratschläge ableiten, die zu individuell „passendem" Wohnen führen. Denn wer mit falscher Raumaufteilung, mit falscher Farbgestaltung oder ungünstigen Lichtverhältnissen wohnt, wird ständig gegen den Strich gebürstet. Und das muß sich in der Tat niemand antun.

# WELCHER WOHNTYP SIND SIE?

*Warme Naturfarben, bequeme Sessel, weicher Teppichboden, Möbel aus Holz und Korbgeflecht. Kerzenlicht, Leuchten, die sich dimmen lassen, und ein Eßplatz, abgeschirmt hinter einem beschützenden Mauerbogen.*

# IM „NEST“: GEMÜTLICHKEIT GEHT HIER ÜBER ALLES

„Nestbewohner" brauchen Geborgenheit, Nestwärme eben. Sie wollen, daß ihre häusliche Welt in Ordnung ist. Sie streben nach Harmonie – in jeder Beziehung.

Sie mögen kleine Räume und gliedern größere Räume gerne so, daß kuschelige Ecken entstehen. Deshalb lieben sie winkelförmige Zimmer, Nischen und Erker. Der Nest-Typ stattet seine Wohnung bis in die letzte Ecke aus. Auch beim Dekorieren schöpft er aus dem vollen. Wenn möglich, schmückt er jede freie Wandfläche.

Bei der Wahl der Möbel ist Tradition Trumpf. Erbstücke und Souvenirs sind sehr beliebt. Man trennt sich ungern von Altem.

Beliebt sind Möbel ohne scharfe Ecken und Kanten: rund und verschnörkelt, die Polster weich und reichlich mit Kissen bestückt. Kein Wunder, daß der „Nestbewohner" ein Naturliebhaber ist. Auch zu Hause will er Natürliches um sich haben: viel Holz, vorzugsweise Massivholz in warmen Tönen (Eiche, Nußbaum, Kirschbaum). Ebenso liebt er Naturfarben bei Stoffen, Tapeten und Teppichen. Gedämpfter Lampenschein, am liebsten aus mehreren Lichtquellen, wird bevorzugt.

„Nestbewohner" meiden kalte Farben und starke Kontraste. Harte, kalte Materialien wie Glas, Marmor oder Chrom werden als störend empfunden. Leere Flächen und weite, ungegliederte Räume sind nicht beliebt. Zentrales, direktes Licht ist nicht erwünscht.

# IN DER „BURG": ZEIGEN, DASS MAN VOLL IM TREND LEBT

„Burgbewohner" sind vital und dynamisch. Sie legen Wert auf Repräsentation. Sie wollen etwas darstellen und Flagge zeigen – auch in ihren vier Wänden. Der Burg-Typ braucht Weite um sich und Bewegungsfreiheit. Er liebt große Räume, viel Licht, große Fensterflächen, freie Wände und offene Durchgänge von Raum zu Raum.
Der Sinn beim Einrichten steht auf Neues und Trendgerechtes. Darum wird die Wohnungsausstattung immer wieder mal gewechselt. Nicht total, sondern Zug um Zug.
Der Burg-Typ liebt Exklusives, Wertvolles. Und er möchte, daß man den Wert der Dinge, die er liebt, sogleich erkennen kann.
Der Burg-Typ erwartet, daß seine Wohnumgebung ihn immer wieder animiert und stimuliert. Aus diesem Grund bevorzugt er kräftige Farben und ungewöhnliche Kontraste. Ihn beeindrucken großdimensionierte, großflächige Möbel, die zuweilen geradezu Schaustücke sein können. Er liebt harte Materialien wie Metall und Stein. Er mag es, wenn es glänzt und strahlt. Und er rückt seine Wohnung gern in funkelndes Licht.
„Burgbewohner" meiden alles, was kleinteilig ist und kleinkariert wirkt. Sie mögen kein Dämmerlicht und keine dunklen Wände, nichts, was zu verspielt und zerbrechlich ist. Kleine oder vollgestellte Räume sind ihnen ein Horror. Sie lehnen es ab, sich komplett mit „Programmen" einzurichten.

*Weite Räume, große Fenster, offene Treppen und Durchgänge. Kräftige Farben, lebhafte Muster. Marmor und Messing, alles, was glänzt.*

*Ein klar gegliederter Raum, eingehüllt in kühle Farben, ausgestattet mit Möbeln, die sich leicht variieren lassen. In der Mitte ein Metallkamin, an der Giebelseite ein Podest.*

# IM „REFUGIUM": HIER LEGT MAN WERT AUF INDIVIDUALITÄT

„Refugiumsbewohner" sind ausgeprägte Individualisten. Sie wollen sich in ihrer Privatsphäre von der Außenwelt abschirmen. Ideale Rückzugszonen sind deshalb Räume unter dem Dach, Zimmer, die an einem privaten Innenhof (Atrium) liegen oder die sich in einen dichtbewachsenen Garten öffnen. Solche Wohnungen werden allerdings nicht „gemütlich" im landläufigen Sinn eingerichtet.

Der Refugium-Typ ist Perfektionist. Jeder Raum ist klar gegliedert. Jedes Detail wird sorgfältig geplant. Alles muß gut zusammenpassen. Alles soll ganz auf die persönlichen Bedürfnisse zugeschnitten sein. Beliebt sind zweckbetonte, multifunktionale Möbel. Die Formen der Möbel sollen klar und geometrisch sein. Kühle Farben dominieren, ebenso „Nichtfarben" wie Schwarz, Weiß oder Grau. Glatte Flächen sollen matt, nicht hochglänzend sein.

Der „Refugiumsbewohner" ist aufgeschlossen für das Neue, vor allem, wenn er von der technischen oder formalen Brillanz der Innovation überzeugt ist. Doch er begeistert sich nicht für modische Trends. Meist greift er zu Avantgardedesign, das sich später als moderne Klassik erweist.

„Refugiumsbewohner" meiden ungegliederte Räume und große, ungeschützte Fensterflächen. Sie lehnen unnützen Dekor ab und scheuen laute Farben, starke Farbkontraste und grelles Licht.

Sonderausgabe der Naumann & Göbel
Verlagsgesellschaft mbH in der VEMAG Verlags- und Medien
Aktiengesellschaft, Köln


Herausgeberin: Angelika Jahr
Konzeption und Redaktion: Sven Rohde
Art-Director: Claus Wesselhöft
Texte: Sigrid Brauer, Dr. Kurt Gustmann
Layout: Gerlinde Schubärth
Typografie: Hans Kubke
Schlußredaktion: Hans-Michael Peus

Fotos: Reiner Blunck, Achim Deimling-Ostrinsky,
Konstantin Eulenburg, Andreas Herrmann, Hayo Heye,
Ferdinand Graf Luckner, Ivo Nörenberg, Winfried Nörenberg,
Rudolf Nüttgens, Heiner Orth, Ralf-C. Stradtmann,
Richard Stradtmann, Stefan Thurmann, Holger Wegener,
Eckard Wentorf, Hajo Willig

Stylisten: Regine Alberts, Carola Baumgarten,
Brigitte Bensinger, Ursula Dietz, Peter Fehrentz, Meike Graf,
Frauke Jank, Uschi Hußmann-Dilger, Vivi Lerche,
Andreas Lichtenstein, Richard Lotzmann, Günther Meierdierks,
Gisella Pfander, Angelika Schildt, Hella Schüler, Kirsten Türck,
Tanja Wegener, Bettina Wehowsky

Innenarchitekten: Susanne Benoit, Siegfried Bensinger,
Gisela Koch, Vivi Lerche, Volker Möller, Heiner O. Neuendorf,
Harald Ophüls, Christel Soethe, Anette Stranghöner,
Michael Wagenhöfer

Illustrationen: Heiner O. Neuendorf,
Harald Ophüls, Uwe Seidel

Gesamtherstellung:
Naumann & Göbel Verlagsgesellschaft mbH, Köln


ISBN 3-625-11500-X